Schmitt

Köstlich essen ohne Milch & Ei

Beate Schmitt

Köstlich essen ohne Milch & Ei

- Keine Probleme mit Allergien und Laktose-Intoleranz
- Vom Snack bis zum Festtagsmenü
- Mit 185 abwechslungsreichen Rezepten

TRIAS

Einführung

Rezepte

Rezepte

Desserts und Süßspeisen

Liebe Leserinnen und Leser,

Sie halten nun mein zweites Buch zum Thema Ernährung bei Milch- und Eiallergie in den Händen. Das erste ist unter dem Titel „Ohne Milch und ohne Ei“ im Jahre 2002 erschienen.

Eigentlich wollte ich kein zweites Buch schreiben, aber die große Anzahl von Leserbriefen und E-Mails hat mich doch dazu bewogen, meine Ideen aufs Papier zu bringen. Und so freue ich mich, dass ich Ihnen den Alltag als Allergiker ein wenig erleichtern kann.

Mit diesem Kochbuch erfülle ich den Wunsch zahlreicher Leser, auch Gerichte mit Fleisch aufzunehmen und vor allem zu zeigen, wie man schnell und ohne Großeinkauf im Reformhaus ein Essen zubereiten kann. Und da ich nach immerhin 15 Jahren mit einem allergiekranken Kind viel Erfahrungen habe, kann ich Ihnen durch viele praktische Tipps bestimmt auch ein wenig von meiner Erfahrung abgeben. 15 Jahre mit einem Sohn, der unter einer lebensbedrohlichen Milch- und Eiallergie leidet. 15 Jahre experimentieren, immer wieder enttäuscht werden und sich dann über jeden Wunsch nach einem bestimmten Essen freuen, den ich meinem Sohn erfüllen konnte. Sicher, ich stoße auch an Grenzen. Sind wir ehrlich: Die Eier im Rührei kann ich ebenso wenig ersetzen wie die im Biskuitteig. Aber es gibt doch noch viele andere leckere Sachen. Dieses Kochbuch wäre ohne die Erfahrung mit der Allergie meines Sohnes nie zustande gekommen. Dementsprechend finden Sie jede Menge von mir erprobte Rezepte und ebenso viele Tipps, wie Sie sich das Leben erleichtern können. Sie oder Kind werden sich mit den schmackhaften Rezepten nicht länger krank fühlen, und ganz bestimmt wird es auch Nichtallergikern schmecken.

Mit Begeisterung beobachte ich die Entwicklung auf dem Lebensmittelmarkt: Es gibt immer mehr Anbieter, beispielsweise für Sojamilch, und immer mehr Firmen verschicken auf Anfrage ihre Zutatenliste. Damit Sie beim Einkaufen stets wissen, wonach Sie suchen müssen, finden Sie bei den Rezpten jeweils verschiedene Produktnamen, z.B. von Soja-Sahne oder Soja-Joghurt – so finden sich insbesondere Allergie-Neulinge gut zurecht im Bioladen oder Reformhaus. Beim Lesen und Kochen wünsche ich Ihnen viel Spaß und freue mich über jede Rückmeldung unter allergieberatung@web.de

Ihre Beate Schmitt

Was Sie über Ihre Allergie wissen sollten

Eine Allergie kann jeden treffen – jederzeit.

Wenn Sie dieses Buch in den Händen halten, hat Ihnen wahrscheinlich ein Arzt bestätigt, dass Sie oder ein Angehöriger unter einer Nahrungsmittelallergie leidet. Nahrungsmittelallergien sind Reaktionen des Körpers auf verschiedene Bestandteile von Lebensmitteln. Die Symptome reichen von Hautausschlag, Nesselsucht, Schnupfen, bis hin zur Atemnot, Asthmaanfällen aber auch Durchfällen und Magenkrämpfen. Auch übermäßige Müdigkeit oder Überaktivität zählen dazu und in seltenen Fällen kann es sogar zu einem allergischen Schock kommen.

Allergieauslösende Lebensmittel

Häufigkeit einer Allergie in Prozent	
Kuhmilch	42,0
Hühnerei – klar – gelb – gelb und klar	 14,5 9,0 9,7
Fisch	11,0
Zitrusfrüchte	4,5
Hülsenfrüchte	2,5
Fleisch	1,3
Gemüse	1,0
Zwiebeln	1,0
Sonstiges	2,0

Viele Menschen können sich nicht vorstellen, auch im höheren Alter noch an einer Nahrungsmittelallergie zu erkranken. Dies ist eine Fehleinschätzung. Eine Allergie kann in jedem Lebensalter erstmals auftreten. Die Erfahrung hat gezeigt, dass es sich hierbei nicht um exotische Lebensmittel wie Zitrusfrüchte oder Gewürze handelt, sondern um Nahrungsmittel, die wir schon unser ganzes Leben konsumieren.

Im Kleinkindalter sind Allergien gegen Milch und Ei sehr häufig. Ein Grund, weshalb Allergologen empfehlen, dass jedes Baby eine hypoallergene Nahrung (HA-Nahrung) erhalten sollte. Das Eiweiß ist so stark zerkleinert, dass es der Darm wie bereits vorverdaut aufnimmt.

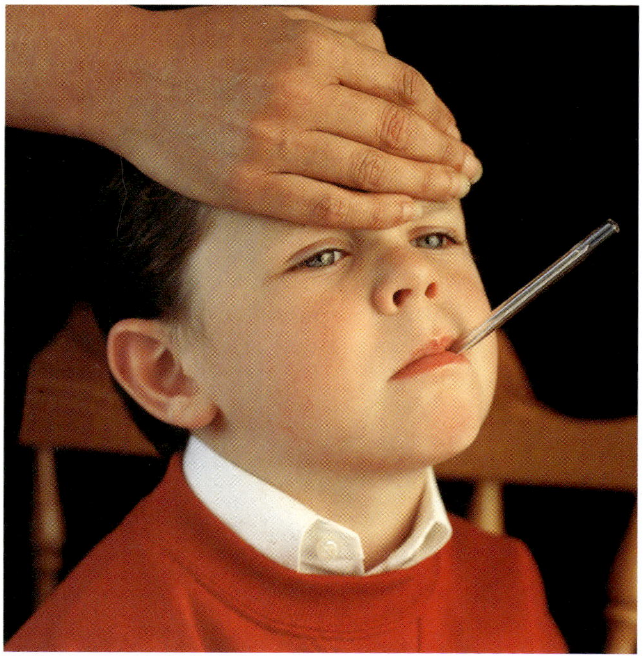

▲ Eine Allergie kann in jedem Lebensalter erstmals auftreten.

MEHR WISSEN

Kuhmilch verboten – die Ernährung von Minis

Bei der Ernährung von Babys können Sie nicht einfach auf Soja- oder Reismilchprodukte zurückgreifen. Beide Milchsorten enthalten viel zu wenig Nährstoffe, um das Kind ausreichend zu versorgen. Für die Ernährung von Säuglingen gilt generell zuerst: stillen, wenn möglich und erwünscht. Falls Ihr Kind an einer Milchallergie leidet, was durchaus passiert, ohne dass Ihr Kind jemals eine Kuh gesehen oder Kuhmilch selbst zu sich genommen hat, dann müssen Sie, als stillende Mutter, eine kuhmilchfreie Diät einhalten. Sie sollten auf Milch in jeder Form verzichten, solange Sie noch stillen. Studien haben gezeigt, dass so starke Allergene wie das Milcheiweiß kaum aufgespalten über die Muttermilch an das Kind weitergegeben werden.

Wenn Sie nicht stillen wollen, können oder dürfen und eine Kuhmilchallergie bei Ihrem Kind diagnostiziert ist, bieten sich spezielle Babynahrungen an. So gibt es Produkte wie Milupa Som, oder Humana SL, die auf Sojabasis hergestellt werden. Weitere Produkte wie Pregumin (Med Johnson) enthalten auch kein Soja. Die hochhydrolysierten Nahrungen wie Pregumin sind teilweise sehr gewöhnungsbedürftig, weil sie sehr bitter schmecken. Immer wieder gibt es „Experten“ oder selbsternannte „Ernährungsspezialisten“ die vor einer Sojaallergie warnen, wenn das Kind mit Soja statt mit Kuhmilch ernährt wird. Meine Erfahrung hat mir in immerhin 15 Jahren gezeigt, dass ich massenweise Kinder mit Kuhmilchallergie kenne, aber die Zahl der Kinder, die an einer Sojaallergie leiden, an einer Hand abzählen kann.

Wenn Sie nur vorbeugend tätig sein wollen, weil es in Ihrer Familie allergische Erkrankungen gibt, dann empfehlen Ärzte immer eine HA-Nahrung (Hypoallergene Nahrung). Bei dieser Babynahrung wird das Milcheiweiß in so kleine Stücke gespalten, dass der Körper es nicht als Milcheiweiß erkennt. Allerdings darf die HA-Nahrung nicht gegeben werden, wenn Ihr Kind an einer nachgewiesenen Kuhmilchallergie leidet.

Der Symptomkalender: der Allergie auf den Fersen

Wenn Sie unter Symptomen leiden, deren Ursache Ihnen unklar ist, sollten Sie systematisch vorgehen. Schreiben Sie in einem Symptomkalender mindestens zwei Wochen lang auf

- was Sie gegessen haben (auch welche Gewürze),
- was Sie getrunken haben,
- wie Sie Ihren Tag gestaltet haben,
- welche Medikamente Sie genommen haben,
- welche Symptome auftraten und wie stark sie waren.

Mit diesem Symptomkalender gehen Sie zum Hautarzt, Allergologen oder Lungenfacharzt und lassen einen Allergietest vornehmen. Sind die Untersuchungsergebnisse nicht eindeutig, wird wahrscheinlich ein Provokationstest nötig sein, bei dem zuerst das Allergen (der Allergie auslösende Stoff) vermieden und anschließend wieder verabreicht wird. Wenn Sie dann wissen, wogegen Sie allergisch sind, sollten Sie das Allergen wirklich absolut meiden. Jeder neue Kontakt mit dem Allergen kann die allergische Reaktion verstärken. Dies bedeutet in der Praxis, wenn Sie gegen Milch allergisch sind, dass Sie auch auf Joghurt, Quark, Sahne, Butter und alle Lebensmittel verzichten sollten, die Milcheiweiß enthalten. Die Ursachen der Nahrungsmittelallergie zu bekämpfen ist schwierig. Deshalb heißt es, eine absolute Karenz einzuhalten, also das Lebensmittel vollständig zu meiden.

MEHR WISSEN

Medikamentöse Behandlung von Allergien

Bei allergischen Symptomen kann es notwendig sein, Medikamente einzunehmen. Hier gibt es verschiedene Möglichkeiten:

- Antihistaminika: Medikamente, die die allergische Reaktion stoppen. Sie lindern auch den Juckreiz oder sorgen dafür, dass eine Nesselsucht wieder abklingt.
- Cortison: in Form von Tropfen, Zäpfchen oder Tabletten, wenn die allergischen Reaktionen zu stark werden.
- Asthmasprays: bei akuter Atemnot. Sie sollen die Bronchien, die sich bei einem Asthmaanfall verkrampfen, wieder entspannen und erweitern.
- Adrenalin: wenn die betroffene Person einen anaphylaktischen Schock (allergischen Schock) erleidet. Hier muss schnell gehandelt werden. Menschen, die unter einer starken Allergie leiden, führen immer eine Notfallspritze mit sich.

Ferner sollten Allergiker generell immer einen Notfallpass bei sich tragen. Denken Sie auch daran, stets Ihre Medikamente mitzunehmen. Falls Sie ein allergisches Kind haben, deponieren Sie die Medikamente im Kindergarten oder in der Schule.

Milcheiweißallergie – wissen, worauf man allergisch reagiert

Wenn Sie unter einer Milcheiweißallergie leiden, müssen Sie beachten, dass sich das Milcheiweiß aus verschiedenen Fraktionen zusammensetzt. Sie sollten nach einem Allergietest nachfragen, auf welche Fraktion Sie allergisch reagieren.

Die verschiedenen Milchbestandteile reagieren z.B. auf Hitze sehr unterschiedlich: Das Milcheiweiß kann man in das schwer lösliche und hitzestabile Kasein und das leicht lösliche und hitzeempfindliche Molkeneiweiß (Albumine und Globuline) einteilen.

So zerfällt das a-Lactalbumin bei Hitze. Der Genuss von abgekochter Milch muss aus diesem Grund bei einer a-Lactalbumin-Sensibilisierung keine Symptome hervorrufen. Vorausgesetzt, Sie sind wirklich nur gegen a-Lactalbumin allergisch.

Ein wichtiger Baustein der Milch ist das Kasein. Wenn Sie auf Kasein allergisch reagieren, werden Sie auch Probleme mit Ziegenmilch und jeder anderen Tiermilch bekommen. Kasein ist nicht tierartspezifisch. Wenn bei Ihnen also eine Allergie gegen Kasein vorliegt, müssen Sie alle Milcharten vermeiden.

Sind Sie gegen Milcheiweiß allergisch, werden Sie auf Trinkmilch, Buttermilch, Sauermilch, Joghurt und Kefir reagieren. Quark oder Käse enthalten hingegen fast nur Kasein. Bei der Käseherstellung wird das Kasein zum Gerinnen gebracht, das Molkeneiweiß verbleibt in der Molke und wird abgetrennt.

Liegt das Problem beim Molkeneiweiß, ist die Allergie auf Kuhmilch begrenzt. Sie haben die Möglichkeit, auf Ziegen-, Schaf- oder Stutenmilch auszuweichen.

Welcher Baustein Ihnen Probleme bereitet, kann in einem Allergietest (nicht im Pricktest oder einem Hauttest) festgestellt werden. Hierzu muss Blut aus der Vene entnommen werden, welches dann im Labor untersucht wird. Vielleicht haben Sie auch keine Milchallergie, sondern eine Laktose-Intoleranz (siehe Seite 14)?

Kalziummangel: Vorsicht bei strenger Diät

Sie sollten auf keinen Fall absolut auf Milch und Milchprodukte verzichten, ohne einen aussagekräftigen Allergietest gemacht zu haben. Erst wenn ein Test Ihnen eine Allergie bestätigt und der Arzt es für notwendig hält, dass Sie auf dieses Allergen verzichten müssen, sollten Sie auch so konsequent sein. Bitte beachten Sie auch, dass Sie nun Ihren Kalziumbedarf anders decken müssen. Zwar gibt es Lebensmittel, die viel Kalzium enthalten, aber Sie könnten niemals die Mengen dieser Nahrungsmittel zu sich nehmen, um Ihren Kalziumbedarf ausreichend zu decken. Kalzium ist sehr wichtig für die Knochen – einen besonders hohen Bedarf haben Kinder und Schwangere. Aber auch Erwachsene riskieren ohne eine entsprechende Zufuhr einen Knochenschwund.

Deshalb: Sprechen Sie mit Ihrem Arzt und lassen Sie sich Kalziumtabletten verschreiben. Diese Tabletten bekom-

Mineralwasser mit hohem Kalziumgehalt (angegeben in mg/l):	
Alwa Mineralwasser	485
Elisabethquelle	465
Gemminger Quelle	426
Imnauer Apollo	548
Rietenauer	412
St. Margareten	578
Förstina Sprudel Eichenzell	380
Fortuna Quelle	380
Gerolsteiner Sprudel	347
Gerolsteiner Stille Quelle	337
Luisen Brunnen	367
St. Gero Heilwasser	331
Wildberg Quelle	370

Besonders kalziumhaltige Nahrungsmittel Kalziumgehalt (angegeben in mg/100 g)	
Basilikum	2070
Brunnenkresse	151
Estragon	1300
Feigen	190
Grünkohl	212
Grüne Bohnen	197
Haselnüsse	225
Kakaopulver	115
Lauch	120
Leinsamen	198
Mandeln	250
Petersilie	245
Salbei	1770
Sesam	783
Sojabohnen	255
Sonnenblumenkerne	360
Spinat	125
Vollkornbrot	63

men Sie auf Rezept, wenn Sie eine nachgewiesene Allergie haben, sonst müsste man sie selbst zahlen. Sesamkörner und Produkte aus gemahlenem Sesam enthalten viel Kalzium. Sinnvoll ist es auch, ein Mineralwasser zu trinken, das viel Kalzium enthält. Wählen Sie ein Wasser mit über 300 mg Kalzium, so können Sie sich schon beim Trinken etwas Gutes tun (Tabelle Seite 13).

Ei-Allergie: Achtung Ei(weiß)?

Auf Eier zu verzichten bedeutet nicht unbedingt einen Mangel zu erleiden. Sicher, es ist schwerer zu backen ohne Ei, aber doch im Bereich des Möglichen. Eier verstecken sich in Zutatenlisten hinter Begriffen wie z.B.

- Protein
- Stabilisator
- Lecithin
- Fremdprotein
- Emulgator
- Ovo...

Aber Achtung: Eiweiß ist nicht gleich Eiweiß. Fast täglich bekomme ich von verunsicherten Allergikern zu hören: „Die Nudeln kann ich aber nicht essen, da ist Eiweiß drin" oder „Wie kommt das Eiweiß in den Saft?". Wenn Sie auf einer Packung folgendes lesen

- Brennwert 1360 kJ (320 kcal)
- Eiweiß 5,9 g
- Kohlenhydrate 72,5 g
- Fett 0,1 g

haben Sie die Nährwerttabelle von Gummibärchen vor sich. Gummibärchen enthalten auf keinen Fall Eiweiß im Sinne von Milch- oder Ei-Eiweiß. Proteine, also Eiweiße, sind komplexe Nährstoffe, die im Gegensatz zu Fett und Kohlenhydrate keine wichtige Energiequelle für den Menschen darstellen, sondern als Bausteine für den Aufbau körpereigener Proteine dienen. Proteine sind in pflanzlichen und tierischen Lebensmitteln enthalten und für den Menschen unersetzbare Nahrungsbestandteile.

Wenn Sie auf das Eiweiß achten wollen, das Allergien auslöst, dann sollten Sie nicht in der Nährwerttabelle, sondern in der Zutatenliste schauen. Übrigens: Bohnen haben sehr viel Eiweiß (Protein), enthalten aber weder Milch noch Ei. Problem erkannt?

MEHR WISSEN

Lecithin: aus Soja oder Ei?

Lecithin kann aus Soja aber auch aus Hühnerei hergestellt werden. Es ist aber derart stark verarbeitet, dass der Körper es nicht mehr als Soja oder Ei erkennen kann. Selbst Menschen mit einer lebensbedrohlichen Allergie haben in der Regel mit Lecithin keine Probleme.

Milchunverträglichkeit: Allergie oder Laktose-Intoleranz?

Sie leiden nach dem Essen von Milchprodukten unter Bauchschmerzen, Krämpfen, Durchfall manchmal sogar Übelkeit und Erbrechen? Kommt Ihnen das bekannt vor? Bei solchen Reaktionen denken die meisten Menschen an eine Allergie, aber die wenigsten an eine Intoleranzreaktion. So hat man festgestellt, dass Japaner, Thailänder und Afrikaner keine Milch vertragen, aber auch nicht unter einer Allergie gegen Milch leiden. Dahinter steckt ein biologisches oder besser ein genetisches Problem. Milch enthält Milchzucker, auch Laktose genannt. Im menschlichen Darm hat das Enzym Laktase die Funktion die Laktose zu spalten. Von Geburt an verfügt jeder Mensch über Laktase im Darm, damit er die Muttermilch verträgt. Im Laufe des Lebens können Menschen aber die Fähigkeit verlieren, Laktase im Darm zu bilden.

Der Laktasemangel unter Erwachsenen ist unter den Völkern unterschiedlich ausgeprägt, so können ca. 3 % der Schweden keine Laktase mehr bilden, 17 % der Schweizer, 42 % der Franzosen und nahezu kein Japaner, Thailänder oder Afrikaner. In Deutschland leidet etwa jeder siebte unter einer Laktoseintoleranz, so die Fachbezeichnung für diese Erkrankung.

Der Laktasemangel ist auch nicht bei allen Menschen gleich stark ausgeprägt. So bekommt manch einer nach einem halben Glas Milch schon Probleme, während ein anderer erst nach einem Liter Milch Beschwerden verspürt. Einige reagieren hingegen schon auf Spuren von Laktose mit Krämpfen und Durchfällen.

Diagnose: Laktose-Intoleranz

Bei einem Facharzt oder in einer Klinik mit Spezialisierung für Stoffwechselerkrankungen sind sie an der richtigen Adresse. In der Regel wird Ihnen zuerst Blut abgenommen und der Laktosegehalt ermittelt. Dann nehmen Sie eine Portion Laktose zu sich und nach einer gewissen Zeit wird wieder Blut abgenommen. Aufgrund des Laktosegehaltes im Blut kann man auf eine Laktoseintoleranz schließen. Es gibt auch einen recht zuverlässigen Atemtest.

Wichtig: Ähnliche körperliche Symptome wie bei der Laktoseintoleranz können auch bei Erkrankungen wie Zöliakie und Fruktoseintoleranz auftreten. Bei einer Laktoseintoleranz müssen Sie, je nach Stärke der Beschwerden, nicht nur auf Milcheiweiß verzichten, sondern eben auch auf Milchzucker und der findet sich sogar in Gummibärchen und Fertiggerichten. Milchzucker ist Bestandteil zahlreicher Pillen und Tabletten, auch von homöopathischen Globuli. Für Personen mit einer schweren Laktoseintoleranz können auch schon die sehr geringen Spuren von Laktase in Produkten wie beispielsweise laktosefreier Milch zu Problemen führen.

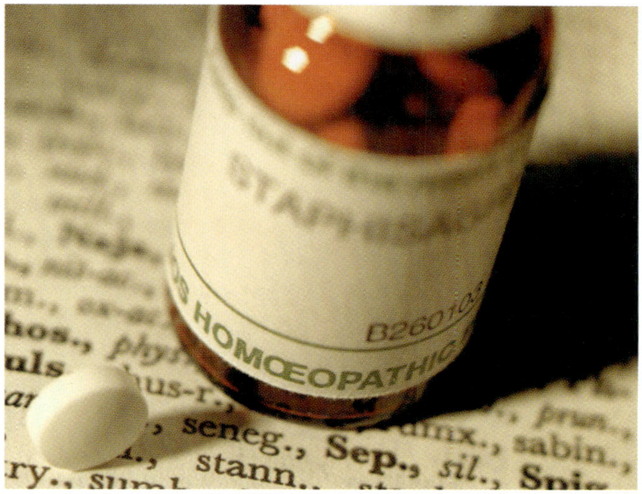

▲ Achtung bei Laktose-Intoleranz: Homöopathische Medikamente enthalten meistens Milchzucker.

MEHR WISSEN

Enzyme zum Essen

Wenn Sie nicht unter einer zu stark ausgeprägten Laktoseintoleranz leiden, können Sie Ihrem Körper die fehlende Laktase zuführen, z.B. über Produkte wie „Lactrase“ oder „Laktose Plus“. So ist es bei richtiger Dosierung für Sie durchaus möglich, auch einmal Käse zu essen oder Sahnetorte zu genießen. „Lactrase“ erhalten Sie in Apotheken, „Laktose Plus“ von der Firma Natura im Reformhaus und in Naturkostläden.

Richtig einkaufen

Wissen, was Sie essen dürfen und wovon Sie lieber die Finger lassen – das ist das A und O bei einer Lebensmittel-Allergie.

Ihr Arzt hat Ihnen gesagt, dass Sie unter einer Milch- und/oder Eiallergie leiden. Vielleicht verzichten Sie aber auch aus anderen Gründen auf diese Zutaten. Aber damit ist ja noch lange nicht gesagt, was Sie essen dürfen. Am einfachsten ist es, wenn Sie alle Speisen selbst herstellen – aber wer hat die Zeit schon? Und eine Mahlzeit isst man heutzutage meist ohnehin außer Haus: Wer isst in seiner Mittagspause schon zu Hause?

Die Zutatenliste als Wegweiser

Im Alltag werden Sie sehr schnell feststellen, dass Lesen zu einer Ihrer Lieblingsbeschäftigungen wird. Da kann, gerade am Anfang einer Allergikerkarriere, ein Einkauf ein oder zwei Stunden dauern. Bis Sie alle Zutatenlisten gelesen haben und bis Sie wissen, was sich hinter Süßmolkenpulver oder Laktose verbirgt. Wenn Sie auf Nummer sicher gehen wollen, bleibt Ihnen nur das Reformhaus. Dort herrscht für alle Produkte eine Volldeklarationspflicht, heißt: Alle Zutaten müssen in der Zutatenliste aufgeführt werden.

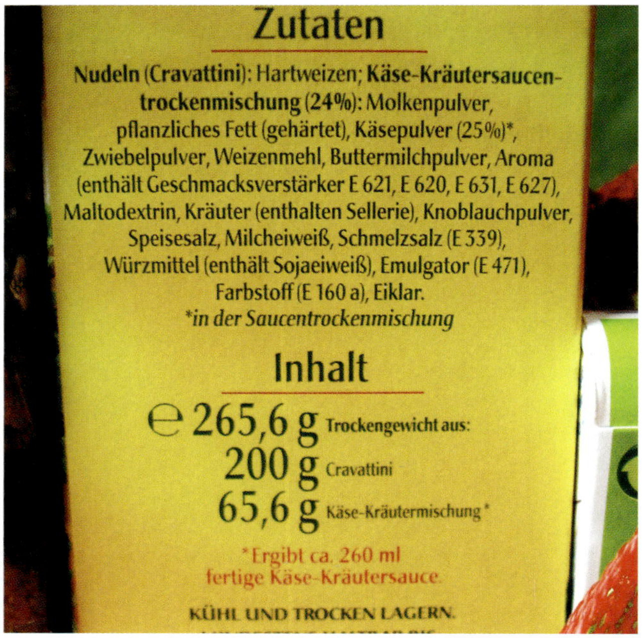

◀ Ab sofort werden Zutatenlisten für Allergiker transparenter

Neue Deklarationspflicht

Seit November 2004 gilt eine neue Lebensmittelkennzeichnung. Die Hersteller sind dazu verpflichtet, in der Zutatenliste Bestandteile anzugeben, die Allergien und bestimmte Unverträglichkeiten auslösen können. Hierzu zählen Eier, Milch, Soja, glutenhaltiges Getreide, Erdnüsse, verschiedene Nussarten, Krebstiere, Fisch, Sellerie, Senf, Sesamsamen und Schwefeldioxid. Es reicht nicht mehr, darauf hinzuweisen, dass ein Bestandteil enthalten sein könnte („kann Lebensmittel XY enthalten"). Es müssen alle Zutaten angegeben werden, die bei der Herstellung verwendet und zugesetzt wurden. Außerdem soll es in der Zutatenliste nicht „Quark" oder „Dickmilch" heißen, sondern „Milchbestandteile", nicht bloß „Paniermehl", sondern „Weizenpaniermehl". Und wer gegen Soja oder Erdnüsse allergisch ist, muss dementsprechend auch wissen, ob Erdnuss- oder Sojaöl enthalten ist. Ihm nützte

▶ Vorsicht: Lebkuchen können weiterhin Restbestandteile von Milch oder Ei enthalten

der bislang gebrauchte Klassenname „pflanzliches Öl“ gar nichts – die neue Kennzeichnung hingegen schafft es, die Deklaration für den Allergiker transparenter zu gestalten.

Was sich noch geändert hat: Bislang wurden zusammengesetzte Zutaten wie beispielsweise Schokolade oder Konfitüre nicht weiter aufgeschlüsselt, wenn ihr Anteil weniger als 25 % in dem gesamten Produkt betragen hatte. Nun müssen die Hersteller alle zusammengesetzten Lebensmittel (z.B. Teilchen mit Erdbeerkonfitürenfüllung) in ihre Einzelbestandteile aufschlüsseln. Es finden sich jetzt auf der Zutatenliste eines Rührkuchens mit Schokostückchen alle Bestandteile der Schokolade (Kakao, Zucker, Kakaobutter etc.), was für einen Allergiker immens wichtig sein kann. Hier sieht er schwarz auf weiß, ob Nüsse oder Milchpulver enthalten sind.

Nachhaken lohnt sich Die Krux aber besteht darin, dass so mancher Hersteller verunsichert ist und vorsorglich auf der Zutatenliste vermerkt, dass Lebensmittel X „Spuren von Y enthalten kann“. Dabei gilt die Regelung, dass wirklich jede Zutat aufgeführt sein muss, nicht für Rohwaren, die möglicherweise mit anderen allergieauslösenden Lebensmitteln in Berührung gekommen sind. Ebenso wenig gilt sie für die Lebensmittel, die vielleicht kontaminiert sein können, nur weil sie in derselben Produktionslinie hergestellt wurden.

Beispiel: Plötzlich steht auf der Zutatenliste von Geflügel-Würstchen, die immer milchfrei waren, „Milcheiweiß“. Ein Anruf bei der Firma bringt zutage, dass sich das Unternehmen dazu entschlossen hat, „einfach überall Milcheiweiß zu deklarieren, weil uns das sicherer ist“. Die Rezeptur allerdings veränderten sie nicht. Die Wurst enthält nach wie vor kein Milcheiweiß, aber die Hersteller fürchten die gesetzliche Produkthaftung. Nachhaken lohnt sich!

Hersteller von Schokoladenprodukten und Lebkuchen geben hingegen keine Garantie für das Nichtvorhandensein von Restbeständen. Dies ist auch vernünftig, da sich produktionsbedingt ein Kontakt nicht ausschließen lässt. Bei Produkten aus dem Reformhaus bekommen Sie von allen Herstellern eine entsprechende Garantie.

Tipp: Im Supermarkt schreibe ich von allen Produkten, die evtl. infrage kommen, die Anschrift des Herstellers auf. Dann bitte ich die Firma, unter Erwähnung der lebensbedrohlichen Allergien, mir mitzuteilen, welche ihrer Produkte absolut frei von Milch und Ei in jeder Form sind. Ich habe in den letzten Jahren dadurch eine große Anzahl von Produkten gefunden, die mein Sohn essen durfte, von denen ich es aber nicht erwartet hätte. Manche Firmen schicken jedes Jahr eine neue Liste. Sogar Mc Donald’s hat mir eine Liste zugesandt: Hamburger, Fritten, süß-saure Sauce und der Mc Rib sind sowohl milch- als auch eifrei.

Bei Metzger und Bäcker

Bäckereien und Metzgereien sind nicht dazu verpflichtet, die Inhaltsstoffe von Brot oder Wurst anzugeben. Dies stellt sich leider häufig als eine Falle heraus. Wie oft habe ich gefragt, ob in dieser Wurst oder in diesem Brötchen Milch oder Ei enthalten sind. Und wie oft konnte mir keiner etwas dazu sagen.

Heute weiß ich,

- dass es auch Wasserwecken gibt, in denen Milch enthalten ist.
- Laugenbrötchen bei einem Bäcker kein und beim anderen aber Ei enthalten.
- dass Kalbsleberwurst oft Sahne enthält.
- dass sich hinter Natursauerteig oft auch Zutaten wie Buttermilch, Dickmilch verstecken.
- dass Brote oft mit Ei bepinselt werden, damit sie schön glänzen.
- dass es Babytees gibt, die Milcheiweiß enthalten.
- dass Lebkuchen aus Resten von alten Lebkuchen hergestellt werden (was so auch normal ist) aber diese Lebkuchen auch mit Vollmilchschokolade bezogen gewesen sein können.

Austauschliste für Allergiker

Zu ersetzendes Lebensmittel	durch
Tiermilch	Soja-, Reis-, Mandel-, Kokos-, Sesam-, Linsen- oder Dinkelmilch (Rezepte auf Seite 20)
Sahne, Rahm	vegane Sahne oder Soja-Sahne (Soja Dream, Soja Cream), Soja- oder Reismilch, Sojafrischcreme
Butter	milchfreie Margarine
Eier im Kuchen	Sojamehl, Biobin, Nestargel, Eiersatz (ausführliche Liste auf Seite 19)
Käse	veganer bzw. vegetarischer Käse aus Soja
Joghurt	Soja-Joghurt (Sojasun, Yofu usw.)
Mayonnaise	Tofunaise oder Soja-Mayonnaise

Die meisten Produkte erhalten Sie im Reformhaus, Bioladen oder im Versandhandel für Naturkost (Liste auf Seite 171).

Wie kommt das Ei bloß in den Wein?

Leider wird Ei manchmal auch bei der Verarbeitung von Nahrungsmitteln genutzt und nicht deklariert. So kann es vorkommen, dass Sie einen Rotwein nicht vertragen, weil Winzer ihren Wein mit Hühnerei-Eiweiß klären. Rückstände sind da nicht zu vermeiden. Schuld daran trägt eine Ausnahmeregelung, die bestimmt, dass Stoffe, die durch die Verarbeitung oder den Herstellungsprozess ihr allergenes Potenzial verlieren, nicht gekennzeichnet werden müssen. Diese Ausnahmen sind zwar bis November 2007 zeitlich begrenzt, setzen sich aber auf Dauer durch, wenn keine Studien vorgelegt werden, die das allergische Potenzial beweisen.

Zu den Ausnahmeregelungen zählen:

- aus Ei gewonnenes Lysozym, das in Wein Verwendung findet
- aus Ei gewonnenes Albumin, das als Klärhilfsmittel in Wein und Apfelwein verwendet wird
- Molke, die in Destillaten für Spirituosen verwendet wird
- Laktit (Zuckeraustauschstoff auf der Basis von Laktose)
- Milch-Kaseinerzeugnisse, die als Klärhilfsmittel in Apfelwein und Wein verwendet werden

SO WIRD'S GEMACHT

Ei-Ersatz und die Verwendung in der Küche

Sie können mit verschiedenen Alternativen Eier leicht ersetzen:

- „Ei-Ersatz“ (besteht aus Sojamehl)
  Verwendung: 1 Ei = 2 TL Ei-Ersatz plus 2 bis 3 EL Flüssigkeit. Ei-Ersatz und Flüssigkeit mit einem Handrührgerät aufschlagen und dann erst in die Speisen geben.
- „Dotterfrei“ (enthält noch Eiweiß aber eben keinen Dotter mehr)
  Verwendung: 1 Ei = 2 TL Dotterfrei plus 2 bis 3 EL Flüssigkeit. Mit dem Handrührgerät aufschlagen und erst dann in die Speisen geben.
- „Biobin“ oder „Nestargel“ (besteht aus Johannisbrotkernmehl)
  Verwendung: 4 Eier = 160 ml Flüssigkeit plus 1 MB Biobin oder Nestargel. Beides kann einfach in warme oder kalte Speisen eingerührt werden. Kuchen werden damit wunderbar locker. Gut zum Binden von Saucen.
- „Vollfett Sojamehl“
  Verwendung: 1 Ei = 1 EL Vollfett Sojamehl plus 3 bis 4 EL Flüssigkeit. Einfach in warme oder kalte Speisen einrühren.
- Kartoffelpüreepulver (milchfreies)
  Verwendung: Je nach Bedarf etwas vom Kartoffelpüreepulver in Saucen oder Suppen einrühren. Nicht sehr gut geeignet für Backwaren.
- Geriebene Kartoffeln
  Verwendung: Geriebene rohe oder gekochte Kartoffeln werden esslöffelweise unter den Teig gemischt. Dadurch werden Backwaren lockerer und bleiben länger frisch. Bietet sich auch gut zum Binden von Saucen und Suppen an.
- Hirse- oder Hefeflocken
  Verwendung: Je nach Bedarf in die Speisen einrühren und andicken lassen. Vorsicht, es dauert ein wenig. Immer nur eine kleine Menge hinzugeben. Besonders geeignet für deftige Gerichte.

Tipp: Ich persönlich bevorzuge Produkte wie Biobin oder Nestargel. Sie sind schnell und einfach einzusetzen und haben keinen Eigengeschmack. Kuchen werden herrlich locker. Mit „Ei-Ersatz“ wird Kuchen, meiner Erfahrung nach, meist klebrig und sieht auch nicht mehr so appetitlich aus.

Der Milch aus dem Weg gehen

Wenn Sie nun völlig auf Milcheiweiß verzichten müssen, wird Ihnen die Umstellung anfangs vielleicht schwer fallen, besonders das Backen. Meist fängt das Problem schon beim Einkaufen an, weil zahlreiche Produkte Milcheiweiß enthalten. So enthält nicht nur Margarine („rein pflanzlich“) oft Süßmolkenpulver, sondern auch Orangensaft wird neuerdings mit Milcheiweiß angereichert.

Bei Milch sollten Sie wissen, dass folgende Bezeichnungen auch für Milcheiweiß stehen:

- Süßmolkenpulver
- Milcheiweiß
- Käse
- Buttermilch
- Molke
- Kasein
- Sauerrahm
- Sahne

Hingegen enthält Milchzucker (Laktose) kein Milcheiweiß, ist aber für Personen mit einer Laktose-Intoleranz ein Problem. Allerdings haben Milchsäurekulturen in Gummisüßwaren oder auch im Soja-Joghurt mit dem Milcheiweiß nichts mehr gemein.

Kuhmilchersatzgetränke

Sojamilch bekommen Sie im Reformhaus oder Naturkostladen von „Granovita". Und bei dm, Tengelmann, Real, Magnet, Famila, Wal-Mart von der Marke „ Alpro". Selbst Aldi (Süd) hat schon Sojamilch im Sortiment. Falls Soja nicht vertragen wird, gibt es noch folgende Alternativen: Reismilch (aus dem Reformhaus, der Drogerie oder aus dem Naturkostladen) oder selbst hergestellte Mandelmilch, Linsenmilch, Sesammilch, Kokosmilch oder Getreidemilch (aus Dinkel, Weizen, Gerste oder Hafer).

Mandelmilch

100 g Mandeln, gemahlen
200 ml Wasser
feines Baumwolltuch

- Mandeln mit dem Wasser vermischen und für etwa 2 Stunden in den Kühlschrank stellen. Zwischendurch ab und zu umrühren. Die Masse durch ein feines Baumwolltuch gießen.

Linsenmilch

100 g Linsen, gemahlen
200 ml Wasser
feines Baumwolltuch

- Linsen mit dem Wasser vermischen und für etwa 2 Stunden in den Kühlschrank stellen. Zwischendurch ab und zu umrühren. Die Masse durch ein feines Baumwolltuch gießen.

Sesammilch (sehr kalziumhaltig)

100 g Sesam, fein gemahlen
200 ml Wasser
feines Baumwolltuch

- Sesam mit dem Wasser vermischen und für etwa 2 Stunden in den Kühlschrank stellen. Zwischendurch ab und zu umrühren. Die Masse durch ein feines Baumwolltuch gießen.

Kokosmilch

100 g Kokosflocken
500 ml Wasser
feines Baumwolltuch

- Kokosflocken in das Wasser rühren und 2 bis 4 Stunden quellen lassen. Nach der Quellphase die Masse unter Rühren zum Kochen bringen, vom Herd nehmen und abkühlen lassen. Die Masse durch feines Baumwolltuch gießen.

Getreidemilch

200 g Vollkornmehl, grob gemahlen (Dinkel, Weizen, Gerste etc.)
1,5 l Wasser
1 Prise Salz
feines Baumwolltuch

- Vollkornmehl mit dem Wasser vermischen und über Nacht quellen lassen. Masse durch ein feines Baumwolltuch gießen und die Getreidemilch zum Kochen bringen. Mit Salz abschmecken. Getreidemilch im kalten Wasserbad rasch abkühlen.

Tipp: Alle diese Ersatzmilcharten für Kuhmilch sind roh. Deshalb bewahren Sie sie immer im Kühlschrank auf. Die Milch hält sich 1 bis 2 Tage.

Strategien für kleine oder große Alltagshürden

Im Kindergarten

Nicht gerade die beste Strategie ist, zu verschweigen, dass Ihr Kind an einer Allergie leidet. Manche Mütter möchten vielleicht nicht, das ihr Kind durch seine Allergie heraussticht – dabei treten Komplikationen in der Regel erst dann auf, wenn die Erzieherinnen nicht Bescheid wissen. Informieren Sie den Kindergarten über die Allergien Ihres Kindes, händigen Sie eine Infomappe aus und deponieren Sie alle Notfallmedikamente vor Ort. Erzieherinnen sind heute oft sehr gut über Allergien informiert. Besprechen Sie Tagesabläufe so genau wie möglich:

- Was gibt es zu trinken? Nur Kakao und Milch? Wenn ja, bringen Sie für Ihr Kind einen Kasten Wasser mit.
- Was wird gegessen? Wild durcheinander – oder jeder nur das, was er mitgebracht hat?
- Wie ist das Procedere bei Geburtstagsfeiern? Bringen Mütter Kuchen mit? Wenn ja, besprechen Sie mit dem Team, dass man sie ein bis zwei Tage vor einer Geburtstagsfeier informiert und Sie Ihrem Kind auch einen leckeren Kuchen mitgeben können.

TIPP

Kindertörtchen für alle

Erwarten Sie niemals, dass andere Eltern etwas Spezielles für Ihr Kind zubereiten oder mitbringen. Wenn Ihr Kind etwas Süßes dabei hat (z.B. Marzipanschnecken, Seite 145), dann geben Sie ihm ruhig mehr davon mit. Ihr Kind wird sehr stolz sein, wenn es etwas abgeben kann und andere Kinder erfahren, dass es auch Leckeres ohne Milch und ohne Ei gibt. Bieten Sie an, mit den Kindern zu backen. Wie wäre es mit Kindertörtchen (Seite 136)?

Kindergeburtstag: Schokolade gegen Flummi

Einladungen zum Kindergeburtstag sollte Ihr Kind nicht absagen müssen, weil es dort nichts essen darf. Es ist unkomplizierter als vermutet: Ich habe mich immer bei der Mutter des Geburtstagskindes erkundigt, was es zu Essen geben wird. Dann habe ich etwas Ähnliches für meinen Sohn zubereitet und die Mutter instruiert, wie sie die Speisen erwärmen soll (eben nicht mit den anderen Speisen zusammen in einem Topf usw.). Es hat immer sehr gut geklappt.

Meist bekommen die Kinder auf Geburtstagen Preise in Form von Süßigkeiten. Ich habe meinem Sohn zu Hause immer einen Deal vorgeschlagen: Ich habe den gewonnenen Schokoriegel gegen einen Flummi getauscht. Oder das Mars gegen einen kleinen Beutel Gummibärchen. Mein Sohn hatte an dem Handel immer seinen Spaß.

Mit der Kühltasche auf Klassenfahrt

Sprechen Sie bereits einige Wochen vor der Fahrt mit der Jugendherberge: Kann dort jemand Diät kochen? Meist ist das leider nicht der Fall. Erfragen Sie, was es zu essen geben wird, denn häufig existiert schon ein fester Plan. Besprechen Sie mit den Lehrern folgende Lösung: Sie kochen alles frisch vor und geben die Mahlzeiten Ihrem Kind in einer Kühltasche mit. In der Herberge wird es sofort eingefroren und zu den Mahlzeiten immer in der Mikrowelle aufgewärmt. Sinnvoll ist es, wenn das Kind bei der Zubereitung seiner Speisen dabei ist, weil es ihm Sicherheit verschafft.

Ich habe zwei ganz unterschiedliche Erfahrungen gemacht. Einmal durfte mein Sohn bei der Klassenfahrt dabei sein: bewaffnet mit Kühltasche, einer Tasche voll Lebensmitteln und Brot für eine Woche, Kuchen, Keksen und einem Kasten Wasser. Ein anderes Mal durfte er nicht mitfahren, weil seinem Lehrer die Verantwortung zu groß war. Suchen Sie das Gespräch mit den Lehrkräften und bieten Sie Ihre Hilfe an.

Frühstücks-ideen

Haferflocken-Müsli

Müsli ist schnell zubereitet und zusammen mit frischen Früchten ein perfekter Start in den Tag.

2 Portionen · geht schnell

1	Birne
1	Apfel
4 EL	Haferflocken
250 ml	Sojamilch (bzw. Reis-, Hafer- oder Kokosmilch)
1 EL	Zitronensaft
	Honig
2 TL	Haselnüsse, gehackt

- Obst abspülen, vom Kerngehäuse befreien und in kleine Stücke schneiden. Mit den Haferflocken und der Sojamilch vermischen und mit Zitronensaft beträufeln.
- Vor dem Anrichten mit den gehackten Haselnüssen bestreuen und mit Honig abschmecken.

MEHR WISSEN

Kein Stress beim Frühstück

Brot und Brötchen

Beim Frühstück greifen die meisten zu Brot und Brötchen. Hier ist es für den Allergiker eher angebracht, abgepackte Ware zu kaufen, als sich auf die oft dürftigen Informationen des Bäckers zu verlassen. Denn kaum ein Bäcker kann heute noch sagen, was genau in seinen Backmischungen enthalten ist. Sehr oft ist der Sauerteig mit Buttermilch oder Ähnlichem angesetzt worden.

Belag

Bei den Brotaufstrichen bieten vor allem Marmeladen und Honige viel Auswahl. Doch bei der Wahl von Wurst müssen Sie Vorsicht walten lassen. Auch hier kaufe ich lieber abgepackte Wurst, weil alle Zutaten aufgelistet sind. Wer nicht auf Schokobrotaufstriche verzichten will, kann im Reformhaus und im Naturkostladen einige Produkte finden. Und wenn Sie nicht gegen Erdnüsse allergisch sind, bietet Erdnussbutter mit und ohne Crunch eine leckere Abwechslung. Es gibt auch eine große Anzahl vegetarischer Brotaufstriche.

Müsli

Mit Müslis können Sie kaum etwas falsch machen. Einige Fertigmüslis enthalten aber auch wieder Milchbestandteile z.B. in Form von Joghurt-Crispies oder Ähnlichem. Achten Sie auch hier stets auf die Zutatenliste. Müsli können Sie aber problemlos selbst mischen – Ihrer Kreativität sind dabei keine Grenzen gesetzt.

Croissants

Leckere Croissants gibt es von Knack und Back (das sind die in der Dose, im Kühlregal) oder jene Tiefkühlcroissants der Firma „Gourmet D'Alsace". Die gibt's aber nur bei Fegro/Selgros. Vielleicht leiht Ihnen ja ein Gewerbetreibender einmal seinen Ausweis? Oder wie wäre es mit Waffeln zum Frühstück? (Rezepte siehe Seite 142)

Bircher Müsli

4 Portionen · geht schnell

8 EL	Haferflocken	8 EL	Soja-Sahne (z.B. Soya Cuisine, Soja Dream, Soja Cream)
4	Äpfel	4 EL	Nüsse, gehackt
4 EL	Zitronensaft		Honig

- Die Haferflocken über Nacht in so viel Wasser einweichen, dass sie knapp bedeckt sind. Die Äpfel abspülen, vom Kerngehäuse befreien und reiben. Haferflocken mit dem Zitronensaft, den geriebenen Äpfeln und der Soja-Sahne vermengen. Das fertige Müsli mit den gehackten Nüssen bestreuen und mit Honig abschmecken.

Tipp

Anstelle der Haferflocken passen auch Weizenflocken und statt des Apfels eine entsprechende Menge Beeren oder Bananen – je nach Jahreszeit.

Bananenmüsli

2 Portionen · geht schnell

1 EL	Zitronensaft	4 EL	Honig
3 EL	Orangensaft	4 EL	kernige Haferflocken
3	Bananen		
100 g	Soja-Joghurt (z.B. von Alpro oder Provamel)		

- Den Zitronensaft und den Orangensaft mischen. Die Bananen schälen, in dünne Scheiben schneiden, in vier Portionsschälchen verteilen und mit dem Saft begießen. Den Joghurt mit dem Honig bzw. Zucker verrühren und über die Bananenscheiben geben. Die Haferflocken in der Pfanne kurz anrösten und über Bananen und Joghurt streuen.

Knuspermüsli

6 Portionen · gut vorzubereiten

10 EL	kernige Haferflocken	2 EL	Mandeln
2 EL	Weizenkeime	2 Msp.	Zimt
2 EL	Sonnenblumenkerne	2 Msp.	Vanille-Extrakt
2 EL	Kokosflocken	3 EL	Öl
2 EL	Haselnusskerne	3 EL	Honig
		5 EL	Rosinen
		2 EL	Korinthen

- Die Haferflocken mit den Weizenkeimen, den Sonnenblumenkernen und den Kokosflocken mischen. Die Nüsse und die Mandeln grob hacken. Mit dem Zimt und der Vanille unter die Flocken rühren.
- In einer großen, schweren Pfanne das Öl und den Honig erhitzen, bis es „sprudelt" (etwa 2 Min.). Die Flockenmischung in die Pfanne geben und unter Rühren bei niedriger Hitze 5 Min. anrösten. Die Rosinen und die Korinthen abspülen, abtropfen lassen und zum Müsli in die Pfanne geben.
- Weitere 3 Min. bei schwacher Hitze unter Rühren mitrösten. Die Müslimischung abkühlen lassen, in ein gut schließendes Gefäß füllen und kühl stellen – so hält sie sich etwa eine Woche frisch. Zum Verzehr frisches Obst, Sojamilch (bzw. Reis- oder Hafermilch) oder Soja-Joghurt zufügen.

Tipp

Wenn Sie keine Rosinen bzw. Korinthen mögen, lassen Sie sie einfach weg. Das Müsli schmeckt auch ohne sehr gut.

Himbeerkonfitüre

4 Portionen · braucht etwas mehr Zeit

2 kg	frische Himbeeren
2 kg	Gelierzucker (1:1)
2	Zitronen, nur der Saft
1	Zitrone, nur die Schale
1/4 l	Himbeergeist

- Himbeeren sorgfältig verlesen und, wenn nötig, kurz in stehendem Wasser waschen. Gründlich abtropfen lassen, mit Gelierzucker mischen und etwa 24 Stunden zugedeckt Saft ziehen lassen. Himbeeren mit dem Zitronensaft in einem großen Topf zum Kochen bringen.

- Zitronenschale hineingeben und 4 Min. bei starker Hitze sprudelnd weiterkochen. Topf vom Herd nehmen, Himbeergeist in die Konfitüre rühren. Die Konfitüre heiß in sterilisierte Gläser füllen, verschließen und verkehrt herum auf den Deckel stellen.

MEHR WISSEN

Sauberkeit ist wichtig

Reinigen Sie Gläser und Deckel der Einmachgläser vor dem Einkochen mit heißem Wasser und Spülmittel und lassen Sie sie im Backofen bei 100 Grad trocknen. Und damit das Glas beim Einfüllen durch die Hitze nicht springt, wird es auf ein nasses Tuch gestellt.

Bananen-Apfel-Marmelade

4 Portionen · preisgünstig

700 g	Bananen	1	Tasse Wasser
2	säuerliche Äpfel	500 g	Zucker

- Äpfel schälen, vom Kerngehäuse befreien und in Stückchen schneiden. Bananen und Äpfel mit dem Wasser in einem Topf so weich kochen, dass man die Früchte mit einer Gabel leicht zerdrücken kann.

- Die Fruchtmasse wiegen, das gleiche Gewicht an Zucker zufügen und die Marmelade eine halbe Stunde einkochen. Noch heiß in Gläser füllen und verkehrt herum auf den Deckel stellen.

Blutorangen-Gelee

4 Portionen · gelingt leicht

10–15	Blutorangen
1 kg	Gelierzucker (1:1)

- Die Hälfte der Blutorangen unter heißem Wasser abspülen. Von diesen Früchten die Schale spiralförmig abschälen, und zwar so dünn, dass nichts von der pelzigen, weißen Innenschale daran haftet. Die Schale in feinste Streifen schneiden. Alle Orangen auspressen und den Saft durch ein Sieb gießen.

- ¾ Liter vom Saft abmessen. In einem großen Topf mit dem Gelierzucker vermischen und zum Kochen bringen. 4 Min. sprudelnd kochen lassen. In der letzten Minute die feingeschnittenen Orangenschalen unterrühren. Das Gelee heiß in saubere Gläser füllen und verschließen.

Pflaumen-Konfitüre

4 Portionen · gelingt leicht

1 kg	vollreife Pflaumen		abgeriebene Schale von 1 Zitrone
1 kg	Gelierzucker (1:1)	6 EL	Armagnac oder Calvados
	Saft von 1 Zitrone		

- Pflaumen gut abspülen, trockentupfen, entstielen und entsteinen. $^1/_3$ der Früchte im Mixer oder Fleischwolf pürieren und in einen Topf geben. Die restlichen Früchte in kleine Stücke schneiden. Zitronensaft und abgeriebene Schale zum Pflaumenpüree geben.

- Den Gelierzucker untermischen und den Brei unter Rühren langsam zum Kochen bringen. 4 Min. sprudelnd kochen lassen, dann den Armagnac unterrühren. Die heiße Konfitüre in Gläser abfüllen und abkühlen lassen.

Avocado-Creme

2 Portionen · gelingt leicht

1	reife Avocado	Salz | Pfeffer, frisch gemahlen
1	kleine Zwiebel	Zitronensaft
1 TL	Tomatenmark	

- Avocado halbieren, den Kern entfernen, mit einem Löffel das Fruchtfleisch herausschaben und mit einer Gabel zerdrücken. Die Zwiebel abziehen und fein würfeln. Zusammen mit dem Tomatenmark unter die Avocado-Creme verrühren. Mit Salz, Pfeffer und Zitronensaft abschmecken.

Apfel-Zwiebel-Aufstrich

2 Portionen · geht schnell

1	Apfel	2 EL	Sonnenblumenkerne
1	Zwiebel	1/4 TL	Kräutersalz
3 EL	Margarine (milchfrei)	1 TL	Zitronensaft
			etwas Knoblauch

- Den Apfel schälen, vom Kerngehäuse befreien und in Spalten schneiden, die Zwiebel abziehen und würfeln. Die Margarine in einer Pfanne schmelzen und die Apfelspalten, die Zwiebelwürfel, die Sonnenblumenkerne dazugeben. 5 Min. dünsten. Das Kräutersalz, den Zitronensaft und etwas Knoblauch unterrühren und mit einem Stabmixer oder im Standmixer pürieren.

Achtung: Nicht länger als 2 Tage im Kühlschrank aufbewahren.

Knoblauchschmalz

6 bis 8 Portionen · gelingt leicht

600 g	mild geräucherter, gekochter Frühstücksspeck	2–4	Knoblauchzehen
		2	Bund Petersilie

- Den Frühstücksspeck in dünne Scheiben schneiden und in einer Pfanne auslassen. Aus der Pfanne nehmen, abtropfen und abkühlen lassen. Die Knoblauchzehen abziehen, die Petersilie abspülen und von den Stielen zupfen.
- Speckscheiben, Knoblauch und Petersilie durch die grobe Scheibe vom Fleischwolf drehen und mit dem noch lauwarmen Fett mithilfe eines Quirls geschmeidig rühren.

Warme und kalte Kleinigkeiten

Bärlauchsuppe

4 Portionen · geht schnell

1	Zwiebel	1 l	Gemüsebrühe
2 EL	Margarine (milchfrei)	10–12	Bärlauchblätter
1 EL	Mehl		Salz | Pfeffer, frisch gemahlen

- Die Zwiebel abziehen, fein hacken und in der Margarine glasig dünsten. Das Mehl einstreuen und goldgelb anrösten. Nach und nach mit der Gemüsebrühe aufgießen, mit einem Schneebesen schnell unterrühren und kurz aufkochen lassen.

- Mit Salz und Pfeffer abschmecken. Die Bärlauchblätter abspülen, fein wiegen und mit der Suppe übergießen.

Böhmische Knoblauchsuppe

4 Portionen · preisgünstig

1 EL	Olivenöl	2 EL	Weißwein
1	Scheibe Weißbrot (milch- u. eifrei)	1 EL	Schnittlauchröllchen
2 EL	Mandelstifte		Salz | Pfeffer, frisch gemahlen
3–4	Knoblauchzehen		
½ l	Brühe		

- Das Öl im Topf erwärmen. Das Weißbrot würfeln und im Fett anrösten. Mandeln hinzufügen. Knoblauchzehen abziehen, pressen und ebenfalls in den Topf geben. Die heiße Brühe angießen und den Weißwein dazugeben.

- Mit Salz und Pfeffer abschmecken und mit feingeschnittenem Schnittlauch bestreut servieren.

Blitzschnelle Lauchsuppe

4 Portionen · geht schnell

800 ml	Gemüsebrühe		(Basilikum, Thymian, Kerbel)
1	Bund Lauch		Salz | Pfeffer, frisch gemahlen
½	Bund frische Kräuter		

- Die Gemüsebrühe aufkochen. Den Lauch putzen, abspülen und die dunkelgrünen Enden wegwerfen. Den Rest in dünne Ringe schneiden. In die Suppe geben und einige Minuten garen. Mit Salz und Pfeffer abschmecken. Die Kräuter abspülen, hacken und über die Suppe streuen.

Klare Tomatensuppe

4 Portionen · gelingt leicht

800 g	Tomaten		Thymian
1	Zwiebel		Salz | Pfeffer, frisch gemahlen
1	Knoblauchzehe		
2 EL	Olivenöl	8	Blätter Basilikum
500 ml	Brühe		

- Tomaten abspülen und in Würfel schneiden. Zwiebel und Knoblauch abziehen, würfeln und mit den Tomaten in einen Topf geben. Alles kurz in Olivenöl andünsten.

- Die Brühe angießen, aufkochen lassen und mit Thymian sowie Salz und Pfeffer würzen. Etwa 20 Min. köcheln lassen. Die Suppe durch ein Sieb passieren und mit dem in Streifen geschnittenen Basilikum servieren.

Variante: mit in Olivenöl gebratenen Tofuwürfeln und geröstetem Olivenbrot servieren.

▲ Bärlauchsuppe

Arabischer Bohnensalat

4 Portionen · braucht etwas mehr Zeit

200 g	getrocknete Kidneybohnen	1 EL	Oregano
200 g	getrocknete weiße Bohnen	1 TL	Rosmarin, getrocknet
200 g	Mais aus der Dose	1 TL	Thymian, getrocknet
1	kleine Zwiebel	½ TL	Kreuzkümmel, gemahlen
3	Knoblauchzehen		Tabasco
4–5 EL	Olivenöl		Salz | Pfeffer, frisch gemahlen
2–3 EL	Balsamico		
1 EL	Sojasauce		

- Die Bohnen über Nacht in kaltem Wasser einweichen. Bohnen samt Wasser etwa 45 Min. im geschlossenen Topf bei niedriger Temperatur gar kochen. Kein Salz zum Kochen verwenden, sonst werden die Bohnen nicht weich.

- Zwiebel und Knoblauch abziehen, Zwiebel hacken und Knoblauch zerdrücken. Beides zusammen mit dem Olivenöl, dem Essig, den Kräutern, Kreuzkümmel, Tabasco, Salz und Pfeffer zu einem Dressing vermischen.

- Bohnen abgießen, abspülen und abkühlen lassen. Mit dem Dressing gut vermengen und einige Minuten ziehen lassen.

Tipp

Es geht natürlich schneller, wenn Sie Bohnen aus der Dose verwenden.

Bunter Wintersalat

4 Portionen · gelingt leicht

1	kleine Dose Artischockenherzen	100 g	rosa Champignons
1	kleine Dose Spargelabschnitte	3–4 EL	Estragon-Essig
1	kleiner Eisbergsalat	2–3 EL	Öl
1	Radicchio		Salz | Pfeffer, frisch gemahlen

- Die Artischockenherzen und die Spargelstücke in ein Sieb geben und gut abtropfen lassen. Den Eisbergsalat putzen, abspülen und in Streifen schneiden. Den Radicchio putzen, abspülen und grob zerpflücken.

- Die Champignons mit einem feuchten Tuch putzen und blättrig schneiden. Artischockenherzen vierteln. Alle Zutaten vorsichtig vermischen. Essig in eine Schüssel geben, Öl zufügen, mit Salz und Pfeffer abschmecken. Dressing vorsichtig unter den Salat heben.

Deftiger Nudelsalat

4 Portionen · gut vorzubereiten

250 g	Nudeln (eifrei)	150 g	Soja-Joghurt (z.B. von Alpro oder Provamel)
	Salz	4 TL	Tofunaise
5	kleine Gewürzgurken		Ananassaft
250 g	Fleischwurst	1 TL	Curry
3	Tomaten		Pfeffer, geschrotet
½ kl.	Dose Ananasscheiben (230 g)		Petersilie
300 g	TK-Erbsen		

- Nudeln in reichlich Salzwasser bissfest kochen. Gewürzgurken und Wurst in Streifen schneiden, Tomaten abspülen und achteln. Ananas abtropfen lassen und den Saft dabei auffangen. Die Ananasscheiben in kleine Stücke schneiden.

- Erbsen mit wenig Wasser 2 bis 3 Min. dünsten. Nudeln abgießen und kurz unter kaltem Wasser abschrecken. Abtropfen lassen. Erbsen zusammen mit den Nudeln, den Gurken, der Wurst, den Tomaten und der Ananas in einer Schüssel vermengen.

- Soja-Joghurt und Tofunaise mit dem Ananassaft glattrühren und mit Curry, Salz und Pfeffer abschmecken. Das Dressing unter die Zutaten rühren und mit Petersilie garniert servieren.

Klassischer Gurkensalat

4 Portionen · gelingt leicht

1	Salatgurke	1 TL	TK-Dill
½	Knoblauchzehe	2 EL	Zitronensaft
100 g	Soja-Joghurt (z.B. von Alpro oder Provamel)		Zucker
			Salz | Pfeffer, frisch gemahlen

- Die Salatgurke schälen und in feine Scheiben schneiden. Knoblauchzehe abziehen und zerdrücken. Aus Soja-Joghurt, Knoblauch, Dill und Zitronensaft ein cremiges Dressing rühren.

- Mit Zucker, Salz und Pfeffer kräftig abschmecken. Dressing über die Gurken geben und gut vermischen.

Tipp

Der Salat sollte nicht zu lange stehen, da die Gurken viel Wasser ziehen und das Dressing schnell wässrig wird.

Kartoffelsalat mit Apfel

4 Portionen · preisgünstig

1 kg	Kartoffeln	1 TL	Salz
⅓	Stange Lauch		Pfeffer, frisch gemahlen
1	großer Apfel	½	Salatgurke
2–3 EL	Essig		Petersilie
6 EL	Öl		

- Kartoffeln mit der Schale kochen. Lauch putzen, abspülen und in dünne Ringe schneiden. Den Apfel abspülen, vom Kerngehäuse befreien und fein würfeln. Kartoffeln abgießen, noch heiß pellen, auskühlen lassen und in Scheiben schneiden.

- Essig, Öl, Salz und Pfeffer mit ¼ Liter Wasser verrühren. Dressing über Kartoffeln, Lauch und Äpfel geben und gut miteinander vermischen. Die Salatgurke schälen, halbieren, in Scheiben schneiden und unter den Salat heben. Mit Petersilie garniert servieren.

Kartoffelsalat mit Rindfleisch

3 Portionen · gut vorzubereiten

750 g	Kartoffeln		Salz | Pfeffer, frisch gemahlen
250 g	gegarter Rinderbraten		Zucker
2	Gewürzgurken	¼ l	Brühe
100 g	Tofunaise (Reformhaus)	1	Zwiebel
150 g	Soja-Joghurt (z.B. von Alpro)	1	Bund Petersilie

- Kartoffeln mit der Schale kochen. Fleisch in Streifen und Gurken in Würfel schneiden. Für das Dressing die Tofunaise, den Soja-Joghurt mit Salz, Pfeffer und Zucker kräftig abschmecken.

- Die Kartoffeln abgießen, noch heiß pellen, auskühlen lassen und in Scheiben schneiden. Brühe erhitzen, über die Kartoffeln gießen, umrühren und 5 Min. ziehen lassen. Die Zwiebel abziehen, würfeln und zu den Kartoffeln geben.

- Gurken, Fleisch und Dressing hinzufügen und vorsichtig durchmischen. Salat kühl stellen und einige Stunden durchziehen lassen. Petersilie abspülen, trockenschütteln, hacken und über den Salat streuen.

Kartoffelsalat mit Speck

4 Portionen · braucht etwas mehr Zeit

750 g	Kartoffeln	1	Bund Petersilie
150 g	Schinkenspeck	1	Bund Schnittlauch
1	Zwiebel	1	Bund Dill
	gekörnte Fleischbrühe		etwas Kresse
4 EL	Essig		Salz | Pfeffer, frisch gemahlen
3 TL	Öl		

- Kartoffeln mit der Schale kochen. Schinkenspeck in Streifen schneiden und in einer Pfanne auslassen. Zwiebel abziehen, würfeln und mitdünsten. Kartoffeln abgießen, noch heiß pellen, auskühlen lassen und in Scheiben schneiden.

- 200 ml sehr kräftige Fleischbrühe zubereiten und den Essig hinzugeben. Öl und die Speck-Zwiebel-Mischung hinzufügen und über die Kartoffeln gießen. Petersilie, Schnittlauch und Dill abspülen, trockenschütteln, hacken und mit der Kresse unter den Salat heben. Mit Salz und Pfeffer abschmecken und lauwarm servieren.

Schneller Maissalat

4 Portionen · geht schnell

1	Dose Mais	3 EL	Essig
1	kleine Zwiebel		Salz | Pfeffer, frisch gemahlen
3 EL	Öl		

- Mais gut abtropfen lassen. Die Zwiebel abziehen, sehr fein würfeln und mit Öl, Essig, Salz und Pfeffer zu einem Dressing verrühren. Die Sauce zusammen mit dem Mais in einer Schüssel gut vermengen und etwa 5 Min. ziehen lassen.

Tipp

Ein Notstand-Salat, dessen Zutaten man auch bei gähnender Kühlschrankleere oft im Haus hat. Er lässt sich mit Tomaten, Radicchio, Thunfisch oder gewürfelter Paprika beliebig aufwerten.

Reissalat

4 Portionen · gelingt leicht

2	Kochbeutel Reis bzw. 250 g Langkornreis	2	Dosen Thunfisch
1	kleines Glas Gewürzgurken	500 ml	Tofunaise
300 g	TK-Erbsen	4 EL	Curry-Ketchup
			Salz | Pfeffer, frisch gemahlen

- Den Reis nach Packungsanweisung bissfest kochen. Die Gurken in kleine Würfel schneiden. Die Erbsen mit wenig Wasser 2 bis 3 Min. kochen. Den Thunfisch zerpflücken. Den Reis abgießen und abtropfen.

- Die Erbsen abgießen und mit den Gurkenstückchen, dem Reis und dem Thunfisch in einer Schüssel vermischen. Die Tofunaise mit dem Curry-Ketchup verrühren, über den Salat geben und unterziehen. Vor dem Servieren gut durchziehen lassen und mit Salz und Pfeffer abschmecken.

Apfel-Senf-Dressing

4 Portionen · gut vorzubereiten

2	säuerliche Äpfel	1	kleine Zwiebel
3 EL	scharfer Senf		Salz | Pfeffer, frisch gemahlen
125 ml	Soja-Sahne (z.B. Soya Cuisine, Soja Dream, Soja Cream)		Zucker

- Die Äpfel schälen, vom Kerngehäuse befreien und auf der feinsten Stufe einer Gemüsereibe reiben. Mit dem Senf und der Soja-Sahne verrühren. Die Zwiebel abziehen, in kleine Würfel schneiden und untermischen. Das Dressing mit Salz, Pfeffer und Zucker abschmecken.

Himbeer-Vinaigrette

4 Portionen · geht schnell

3 EL	Himbeer-Essig	6 EL	Distelöl
	Salz | Zucker	1	Schalotte
	bunter Pfeffer, grob geschrotet		

- Himbeer-Essig mit Salz, Zucker und Pfeffer verrühren. Distelöl tropfenweise unterschlagen. Die Schalotte abziehen, fein würfeln und unter die Vinaigrette rühren.

Tipp

Knoblauch-Liebhaber lassen eine abgezogene Knoblauchzehe etwa 1 Stunde im Himbeer-Essig ziehen, nehmen sie aber vor deren weiterer Verwendung heraus. Diese Vinaigrette verträgt als Zutat keinen zerdrückten Knoblauch, da sein dominanter Geschmack sonst das zarte Himbeeraroma übertönen würde.

Passt gut zu: Feldsalat mit gebratener Entenbrust.

Basilikum-Vinaigrette

4 Portionen · gelingt leicht

- 2 EL Balsamico
- 1 EL Weißwein
- Zucker
- Salz | Pfeffer, frisch gemahlen
- 4 EL Olivenöl
- 1 Bund Basilikum

Balsamico und Weißwein mit Zucker, Salz und Pfeffer verrühren. Olivenöl tropfenweise unterschlagen. Basilikum abspülen und trockenschütteln. Die Blättchen abzupfen, fein hacken und in die Vinaigrette rühren.

Passt gut zu allen Blattsalaten, vor allem aber zu sonnenreifen Tomaten.

Joghurt-Kräuter-Sauce

4 Portionen · gelingt leicht

- Saft von 1 Zitrone oder Limette
- 150 g Soja-Joghurt (z.B. von Alpro oder Provamel)
- 3 EL Soja-Sahne (z.B. Soya Cuisine, Soja Dream, Soja Cream)
- Salz | Pfeffer, frisch gemahlen
- 1 Prise Zucker
- 1 Spritzer Tabasco
- 3 EL gehackte Kräuter (z.B. Petersilie, Dill, Kresse, Schnittlauch, Kerbel)

Zitronen- bzw. Limettensaft mit dem Soja-Joghurt, der Soja-Sahne, Salz, Pfeffer, Zucker und Tabasco in einer Schüssel vermischen. Kräuter dazugeben und unter die Sauce rühren.

Passt gut zu: Blattsalaten und auch zu gegrilltem Fisch und Fleisch.

Mexikanische Sauce

4 Portionen · braucht etwas mehr Zeit

- 7 getrocknete Chilischoten
- 1 Zwiebel
- 6 Knoblauchzehen
- 200 ml Obstessig
- 125 ml Olivenöl
- 1 TL Majoran, getrocknet
- 1 TL Oregano, getrocknet
- 2 Lorbeerblätter
- 2 Gewürznelken
- 3 schwarze Pfefferkörner
- Salz

Die Chilischoten der Länge nach aufschlitzen, von Kernen und Trennwänden befreien und zerbröseln. Die Zwiebel und die Knoblauchzehen abziehen und würfeln. Alles in einer trockenen gusseisernen Pfanne rösten (dabei nicht zu dunkel werden lassen). Mit Essig ablöschen. Majoran, Oregano, Lorbeerblätter, Nelken und Pfefferkörner dazugeben und alles zugedeckt etwa 20 Min. köcheln lassen.

Alle Zutaten in den Mixer geben, pürieren und anschließend durch ein Sieb streichen. Wieder in den Mixer geben und das Öl nach und nach dazugießen. Die Sauce mit Salz abschmecken und bis zum Gebrauch in eine gut schließende Flasche füllen.

Passt gut zu: deftigen Mais-, Bohnen- und Fleischsalaten und sorgt in kleineren Mengen in anderen Salaten für raffinierte Schärfe.

Tipp

Soll die Sauce sanfter sein, mischen Sie vor dem Servieren ganz fein gehackte, vollaromatische Tomaten darunter. Im Kühlschrank hält sich die Sauce wochenlang.

Tellersülze

4 Portionen · gut vorzubereiten

1	Bund Suppengemüse
4	Zwiebeln
10	Pfefferkörner
3	Lorbeerblätter
	Salz
1 kg	frischer Schweinebauch
¼ l	Weinessig
40 g	Zucker
12	Blatt weiße Gelatine

- Das Suppengemüse putzen, abspülen bzw. schälen und in Stücke schneiden. Zwiebeln abziehen und in Ringe schneiden. Einige Karottenscheiben, Zwiebelringe und Petersilienzweige beiseite legen. Für den Sud 1,5 Liter Wasser zusammen mit den Pfefferkörnern, Lorbeerblättern, Salz und dem Suppengemüse sowie den Zwiebeln zum Kochen bringen.

- Das Fleisch hineingeben und bei schwacher Hitze etwa 1 Stunde garen. Nach der Garzeit aus dem Sud nehmen und kalt stellen. Lorbeerblätter, Suppengemüse und Zwiebeln aus dem Sud entfernen. 1 l Sud abmessen und mit dem Weinessig und dem Zucker süßsauer abschmecken und erkalten lassen.

- Das Fett von der Oberfläche vollkommen abschöpfen. Die Gelatine in kaltem Wasser einweichen, nach 10 Min. sorgfältig ausdrücken und in einem Topf bei schwacher Hitze auflösen. Die Gelatine unter Rühren tropfenweise in den Sud geben.

- Den kalten Schweinebauch in Scheiben schneiden und in eine flache Schüssel legen. Mit den Zwiebelringen, Petersilienblättchen und den Karottenscheiben garnieren. Den Sud darüber verteilen. Das Sauerfleisch über Nacht im Kühlschrank erstarren lassen.

Beilage: Bratkartoffeln und Remouladensauce (auf Sojabasis).

Baked Potato mit Sour Creme

4 Portionen · gelingt leicht

4	große Kartoffeln (à 300 g)
300 g	Soja-Joghurt (z.B. von Alpro oder Provamel)
2	Knoblauchzehen
250 ml	Soja-Sahne (z.B. Soya Cuisine, Soja Dream, Soja Cream)
2	Bund Schnittlauch
	Salz | Pfeffer, frisch gemahlen

- Kartoffeln abspülen, in Alufolie einschlagen und im 200 Grad (Umluft 180 Grad) heißen Backofen etwa 2 Stunden backen. Soja-Joghurt und Soja-Sahne verrühren. Knoblauch abziehen und zerdrücken, Schnittlauch abspülen, trockenschütteln und in Röllchen schneiden. Beides unter die Creme rühren. Mit Salz und Pfeffer würzen.

- Kartoffeln in der Mitte kreuzweise einschneiden, leicht auseinanderdrücken und jeweils einen Löffel Sour Creme daraufsetzen.

Bratkartoffeln

4 Portionen · geht schnell

1½ kg	Kartoffeln, fest kochend
	Salz
4 EL	Olivenöl
	schwarzer Pfeffer, frisch gemahlen

- Die Kartoffeln abspülen und in der Schale in Salzwasser gar kochen. Abkühlen lassen, pellen und je nach Größe halbieren oder dritteln. In zwei Portionen (bzw. zwei Pfannen) in Olivenöl bei starker Hitze goldbraun braten. Mit Salz und Pfeffer würzen.

Vegetarische Nudelpfanne

2 Portionen · geht schnell

1	kleines Stück Ingwer (ca. 30 g)	½	Bund Frühlingszwiebeln
1	Knoblauchzehe	100 g	Sojasprossen
2 EL	Sesamöl		Salz | Pfeffer, frisch gemahlen
150 g	Räuchertofu		Chili, gemahlen
250 g	gekochte Nudeln (eifrei)		

- Den Ingwer abspülen und fein reiben. Die Knoblauchzehe abziehen und hacken. Beides in Sesamöl anbraten. Den Tofu zwischen den Händen zerbröseln und hinzufügen. Etwa 2 Min. scharf anbraten

- Die Frühlingszwiebeln abspülen und in feine Ringe schneiden. Die Sojasprossen abspülen. Die gekochten Nudeln zum Tofu geben, Sojasprossen und Frühlingszwiebeln hinzufügen und etwa 5 Min. anbraten. Mit Pfeffer, Salz und Chili abschmecken.

MEHR WISSEN

Tausendsassa Sojabohne

Die Sojabohne ist eine regelrechte Turbo-Hülsenfrucht. Die anspruchslose Pflanze wächst in Windeseile heran und aus den meist schon nach 100 Tagen zu erntenden Bohnen lässt sich eine Vielzahl von Produkten herstellen. In vielen Lebensmitteln steckt Soja, ohne dass wir es schmecken. Darüber hinaus gibt es eine Reihe von sehr hochwertigen Produkten, die zum Teil schon mehrere tausend Jahre in der asiatischen Küche Verwendung finden. Aber nicht nur ihre Wandlungsfähigkeit spricht für die Sojabohne – überaus gesund ist sie obendrein. Wegen ihres hochwertigen Eiweißes, der guten Fettsäuren und der wertvollen sekundären Pflanzenstoffe sollten Sie Sojaprodukte regelmäßig in Ihrem Speiseplan unterbringen.

Sojamilch wird aus gemahlenen hellen Bohnen und Wasser hergestellt. Sie wird oftmals mit Kalzium angereichert und schmeckt angenehm mild.

- **Sojasauce** ist sehr würzig und salzig. Durch Fermentation wird sie aus Soja, (Weizen), Salz und Wasser hergestellt. Es gibt sie leicht süß, sehr kräftig von hell bis dunkel.
- **Tofu** wird ähnlich wie Quark hergestellt. Sojamilch wird gesäuert und so zum Gerinnen gebracht. Der feste Anteil wird dabei aufgefangen und gepresst. Tofu hat einen sehr schwachen Eigengeschmack und wird daher mariniert. Es gibt ihn auch schon fertig gewürzt oder geräuchert zu kaufen.
- **Seidentofu** enthält mehr Flüssigkeit und ist deswegen so cremig und fein wie ein Pudding. Traditionell stellen die Asiaten Suppen aus ihm her. Man kann aber sogar Käsekuchen oder Eis aus Seidentofu zubereiten.
- **Sojagranulat** ist extrahiertes Eiweiß, das kaum einen Eigengeschmack hat und sich gut als Hackfleischersatz für Bratlinge, Aufläufe und Saucen eignet.
- **Miso** ist eine fermentierte Paste aus Sojabohnen, Salz und meist einer Getreideart wie z.B. Gerste oder Reis. In Japan gehört das würzig schmeckende Miso zu den Grundnahrungsmitteln, die traditionelle Misosuppe isst der Japaner zum Frühstück. Es gibt mehr als 50 Misosorten, die sich auch als Grundlage für Dressings und Brotaufstriche eignen.

Kräuterkartoffeln

Kartoffeln sind echte Verwandlungskünstler. Besonders gut verstehen sie sich mit frischen Kräutern.

2 Portionen · preisgünstig

500 g	Kartoffeln, fest kochend
4 EL	Olivenöl
	Salz | Pfeffer, frisch gemahlen
1	Bund glatte Petersilie
1	Bund Kerbel
½	Bund Basilikum

- Die Kartoffeln schälen und in streichholzdicke Streifen schneiden. In ein Küchentuch geben und leicht auspressen. 2 Esslöffel Öl in einer beschichteten Pfanne erhitzen, die Hälfte der Kartoffelstifte hineingeben, salzen und pfeffern und etwa 5 bis 7 Min. knusprig braun anbraten. Mithilfe eines flachen Topfdeckels am Stück aus der Pfanne nehmen.
- Petersilie, Kerbel und Basilikum abspülen, trockenschütteln und hacken. 2 Esslöffel Öl in der Pfanne erhitzen, die restlichen Kartoffelstifte in die Pfanne geben, salzen und die gehackten Kräuter darüberstreuen. Die bereits angebratene Kartoffelmasse auf die Kräuterseite legen und die zweite Seite weitere 5 bis 7 Min. braten.

Kartoffel-Hähnchen-Pfanne

Wenn es einmal schnell gehen soll, der Hunger aber groß ist, eignet sich die Kartoffel-Hähnchen-Pfanne perfekt als leckere, herzhafte Mahlzeit.

2–3 Portionen · geht schnell

500 g	Kartoffeln
2	gegrillte halbe Hähnchen (vom Imbiss)
1 TL	Margarine (milchfrei)
	Salz | Pfeffer, frisch gemahlen
	Paprika

- Die Kartoffeln schälen, in kleine Würfel schneiden und so lange in Salzwasser kochen bis sie gar, aber bissfest sind. Haut und Fleisch der Grillhähnchen lösen und in nicht zu kleine Stücke schneiden oder zupfen.
- Wenn die Kartoffeln gar sind, abschütten und zusammen mit dem Hähnchenfleisch in einer Pfanne mit etwas Margarine anbraten. Mit Pfeffer, Salz und Paprika abschmecken.

Wichtig: Wenn Sie Grillhähnchen am Imbiss kaufen, fragen Sie immer, womit sie gewürzt wurden. Es gibt durchaus Händler, die ihre Hähnchen mit Butter bestreichen.

Curryreis & Schinkenbananen

3–4 Portionen · preisgünstig

200 g	Basmatireis	2	Bananen
300 ml	Gemüsebrühe	4	Scheiben gekochter Schinken
1 TL	Curry		Salz | weißer Pfeffer, frisch gemahlen
2 EL	Rosinen		Petersilie
½ T	Orangensaft		
1 EL	Margarine (milchfrei)		

- Den Reis mit dem Curry in die Gemüsebrühe geben – der Reis sollte im Topf von der Brühe etwa zwei Finger hoch bedeckt sein. Einmal aufkochen lassen und zugedeckt für etwa 10 bis 12 Min. in den 120 Grad (Umluft 110 Grad) heißen Backofen stellen.

- Die Rosinen in heißem Wasser gründlich abspülen und im Orangensaft quellen lassen. Die Bananen schälen und längs halbieren. Die Margarine in einer Pfanne zerlassen. Die Bananen zunächst von jeder Seite kurz darin anbraten, dann jede Hälfte in 1 Schinkenscheibe rollen und diese mit Holzspießchen feststecken.

- Die Schinkenbananen in der Pfanne bei schwacher Hitze unter mehrmaligem Wenden 5 Min. braten. Wenn der Reis die ganze Flüssigkeit aufgenommen hat, die Rosinen mit dem Orangensaft unter den Curryreis mischen. Den Reis mit Salz und Pfeffer abschmecken, zusammen mit den Schinkenbananen servieren und mit Petersilie garniert servieren.

Beilage: Chicoreesalat

Handgeformtes Sushi

4 Portionen · braucht etwas mehr Zeit

100 g	Sushireis	300 g	Fischfilet (Lachs, Forelle, Thunfisch)
4 EL	Reisweinessig		Schnittlauch
¼ TL	Salz		Sojasauce
1 TL	Zucker		marinierter Ingwer
1–2 EL	Wasabipaste		
4	gekochte Garnelenschwänze		

- Reis mit kaltem Wasser waschen und 30 Min. auf einem Sieb abtropfen lassen. Reis mit 300 ml Wasser aufkochen und die Kochplatte ausschalten. Im geschlossenen Topf 15 Min. quellen lassen. Ein Geschirrtuch zwischen Topf und Deckel legen und weitere 15 Min. quellen lassen.

- Essig, 4 Esslöffel Wasser, Salz und Zucker aufkochen. Abkühlen lassen und den lauwarmen Reis mit dem Essigsud verrühren. Die Garnelenschwänze bis auf die Schwanzspitze vom Panzer befreien. Jeweils 1 Esslöffel Sushi-Reis mit der Hand zu einem daumenlangen Block formen und hauchdünn mit der Wasabipaste bestreichen.

- Auf vier Reishäppchen die Garnelen, auf die übrigen jeweils ein passend zugeschnittenes Stück Fischfilet legen, sodass der Reis bedeckt ist. Mit Schnittlauch garnieren und mit Sojasauce, mariniertem Ingwer und Wasabi servieren.

Tipp

Die Zutaten erhalten Sie im Asia-Shop, aber auch in gut sortierten Supermärkten, wie z.B. Wal-Mart.

Tomatenreis mit Zucchini

4 Portionen · preisgünstig

1 kg	Zucchini	500 g	Tomaten
	Salz	1 EL	Tomatenmark
1	Gemüsezwiebel		Pfeffer, frisch gemahlen
1	Knoblauchzehe	100 g	Langkornreis
3 EL	Margarine (milchfrei)		

- Zucchini abspülen und in Scheiben schneiden. Zwiebel und Knoblauch abziehen und fein würfeln. Tomaten mit heißem Wasser überbrühen, Haut abziehen und würfeln. Margarine in einem großen Topf bei schwacher Hitze zerlassen.

- Zwiebel, Knoblauch und Tomaten zufügen und alles unter gelegentlichem Rühren 5 Min. kochen lassen. Tomatenmark einrühren und mit Salz und Pfeffer kräftig würzen. Die Sauce zugedeckt bei schwacher Hitze 15 Min. kochen lassen.

- Den Reis in die Tomatensauce geben und gut untermischen. Zugedeckt etwa 20 Min. leicht kochen lassen. Sollte der Reis zu trocken werden, etwas Wasser angießen. 5 Min. vor Ende der Kochzeit die Zucchinischeiben hinzufügen und mitgaren, bis sie gar sind, aber noch Biss haben.

Wraps

4 Portionen · preisgünstig

300 g	Weizenkörner
½ TL	Salz

- Den Weizen in einer Getreide- oder Kaffeemühle fein mahlen, mit 150 ml Wasser und Salz vermischen und mit den Knethaken des Handrührgeräts kneten. Wenn erforderlich löffelweise etwas Wasser zugeben, bis ein glatter Teig entsteht.

- Den Teig 5 Min. mit den Händen kneten und auf die Arbeitsfläche schlagen bis er geschmeidig ist. Anschließend 15 Min. an einem warmen Ort ruhen lassen. In 12 Stücke teilen und jeweils zu dünnen Fladen von ca. 20 cm Durchmesser ausrollen.

- In einer beschichteten Pfanne ohne Fettzugabe nacheinander von jeder Seite ca. 2 Min. backen (in einer unbeschichteten Pfanne mit etwas Sesamöl).

SO WIRD'S GEMACHT

So werden Sie zum Wickelkünstler

Als Füllung für Wraps eignen sich frische Salate und gegrilltes Fleisch oder Fisch. Auch Wraps mit Romanasalat, Melone und Senfdressing sind eine schöne Kleinigkeit für den kleinen Hunger zwischendurch. Probieren Sie auch Wraps mit Tomate und in Olivenöl gebratenen Tofuwürfeln – sie schmecken herrlich frisch und leicht, besonders im Sommer. Damit es nicht zu trocken wird, sollten die kalorienarmen Fladen zuvor mit Avocado-Creme, Tofunaise oder Olivenöl bestrichen werden. Dann nur noch ein paar frische Kräuter (Basilikum, Koriander, Minze), ein bisschen Sesam auf Ihre Lieblingsfüllung streuen – und schon kann gewickelt werden.

Warme Hauptgerichte

▲ Mediterrane Hähnchenkeulen

Mediterrane Hähnchenkeulen

Knoblauch und das sommerliche Gemüse verleihen den Hähnchenkeulen das feine Aroma der mediterranen Küche – herzhaft und leicht.

- Hähnchenkeulen kalt abspülen, trockentupfen und mit Salz, Pfeffer und Paprika einreiben. Öl in einen Bräter geben, die Hühnerschenkel hineinlegen und im 200 Grad (Umluft 180 Grad) heißen Backofen 15 Min. braten.

- Inzwischen Paprikaschoten abspülen, entkernen und je nach Größe halbieren oder vierteln. Zucchini und Lauchzwiebeln abspülen, putzen und in grobe Stücke schneiden. Größere Kirschtomaten eventuell halbieren.

- Zwei kleine Knoblauchzehen von der Knolle abbrechen, abziehen und in dünne Scheiben schneiden. Von der übrigen ganzen Knoblauchzwiebel die welken Blätter entfernen und waagerecht durchschneiden. Zusammen mit den Knoblauchscheibchen und der Paprika zu den Hähnchenkeulen geben. Etwa 20 Min. schmoren lassen. Dabei nach und nach den Wein über die Hähnchenkeulen gießen.

- Nach weiteren 10 Min. Zucchini, Lauchzwiebeln und Kirschtomaten mit auf die Fettpfanne geben und weitere 20 Min. garen. Vor dem Servieren mit Salz und Pfeffer abschmecken.

4 Portionen · gut vorzubereiten

8	Hähnchenkeulen
	Salz | Pfeffer, frisch gemahlen
	Paprika, edelsüß
4 EL	Öl
350 g	Paprikaschoten
1	große Zucchini
2	Bund Lauchzwiebeln
250 g	Kirschtomaten
1	Knoblauchzwiebel
100 ml	Weißwein

Tipp

Das Gericht eignet sich auch besonders gut für eine Zubereitung im Römertopf. Dafür die Hähnchenkeulen in den gewässerten Römertopf geben und in den nicht vorgeheizten Ofen stellen. Die Garzeit verlängert sich anfangs etwa um eine ½ Stunde.

SO WIRD'S GEMACHT

Mein treuer Freund, die Tiefkühltruhe

Die Tiefkühltruhe ist der beste Freund des Nahrungsmittelallergikers, nicht nur wegen der Kuchenbackorgie (Seite 140), sondern auch, weil man viele Produkte für Allergiker nicht immer und überall bekommt. Auch beim Kochen sollten Sie immer etwas mehr veranschlagen. Diese TK-Portionen können immer dann zum Einsatz kommen, wenn der Rest der Familie gerade Rührei, Käsefondue oder Sahnetorte essen will.

Ananas-Hähnchen

4 Portionen · preisgünstig

1	Hähnchen
	Salz | Pfeffer, frisch gemahlen
4 EL	Öl
3	Zwiebeln
3	Knoblauchzehen
1	Dose Tomaten (400 g)
1 TL	Oregano, getr.
	abgeriebene Schale von
1	Zitrone
2 EL	Rosinen
1 kg	frische Ananas (oder 1 große Dose)
4 EL	Rum

- Hähnchen kalt abspülen, trockentupfen, vierteln und mit Salz und Pfeffer einreiben. Im erhitzten Öl rundum knusprig anbraten und herausnehmen. Zwiebeln und Knoblauch abziehen, hacken und im Bratfett kurz andünsten.

- Tomaten etwas zerkleinern und samt Saft und Oregano, Zitronenschale sowie Rosinen hinzufügen. 2 Min. köcheln lassen. Hähnchenteile in die Sauce legen und etwa 35 Min. schmoren.

- Ananas schälen, den Strunk entfernen und Fruchtfleisch in Stücke schneiden. In einem Topf 5 Min. im eigenen Saft köcheln. Mit Rum abschmecken und unter die Sauce mischen.

SO WIRD'S GEMACHT

Bratzeit

2 bis 3 Monate alte Hähnchen sollten etwa 45 Min., 3 bis 6 Monate alte bis 60 Min. garen. Das Fleisch bleibt schön saftig, wenn Sie das Hähnchen regelmäßig mit dem Bratensaft übergießen. Um festzustellen, ob es gar ist, sticht man mit der Messerspitze in die dickste Stelle der Keule. Tritt klarer Fleischsaft aus, ist das Hähnchen gar.

Brathähnchen

4 Portionen · gelingt leicht

1	Hähnchen
	Salz | Pfeffer, frisch gemahlen
1 E	Margarine (milchfrei)
1	Zweig Petersilie
2 EL	Olivenöl
1	Zwiebel
1	Karotte
1/4 l	Fleischbrühe

- Das Hähnchen kalt abspülen, trockentupfen und innen und außen mit Salz und Pfeffer einreiben. Herz und Leber abspülen, trockentupfen und mit der Petersilie und der Margarine durch die Halsöffnung zurück ins Hähnchen schieben. Die Öffnung zunähen oder zustecken. Zwiebel abziehen und vierteln, Karotte schälen und in Stücke schneiden.

- Öl in einem Bräter erhitzen und Hähnchen, Zwiebeln und Karotten darin anbraten. Das Hähnchen sollte die ersten 20 Min. auf der Brust und erst in der zweiten Hälfte der Bratzeit auf dem Rücken liegen, damit das Brustfleisch nicht trocken wird. Die Garzeit richtet sich nach dem Alter des Hähnchens (siehe Kasten).

- Hähnchen herausnehmen, den Bratenansatz loskratzen, heiße Fleischbrühe angießen und aufkochen lassen. Vor dem Servieren die Sauce passieren.

Die Speck-Variante:

- Das Hähnchen wird vor dem Braten mit dünn geschnittenem Speck umwickelt. Vor dem Anrichten die Speckscheiben wieder entfernen.

Curry-Hähnchen

2 Portionen · geht schnell

½	gebratenes Hähnchen (vom Imbiss)	1 EL	Tomatenmark
2 EL	Curry	1 EL	Mehl
2 TL	Margarine (milchfrei)	300 ml	Hühnerbrühe
1	Zwiebel	1 TL	Zitronensaft
2	Äpfel		Pfeffer, frisch gemahlen
			Zucker
			Salz

- Hähnchenfleisch von den Knochen lösen, in Stücke teilen und mit 1 Esslöffel Curry bestreuen. Margarine in der Pfanne erhitzen, Teile hineingeben und kurz anbraten. Hähnchenteile auf einem Teller zur Seite stellen. Die Zwiebel abziehen, die Äpfel vom Kerngehäuse befreien, schälen und beides würfeln.

- Äpfel- und Zwiebelwürfel in die Pfanne geben und 5 Min. unter Rühren anbraten. Das Tomatenmark einrühren, Mehl und den restlichen Curry darüberstreuen und die Hühnerbrühe dazugeben.

- 10 Min. schmoren lassen. Mit Zitronensaft, Pfeffer, Zucker und Salz abschmecken. Das abgelöste Fleisch in die Sauce geben und heiß werden lassen.

Beilage: Reis, Baguette und Gurkensalat.

Zitronenhähnchen aus dem Römertopf

4 Portionen · gelingt leicht

1	Hähnchen		Soya Cuisine, Soja Dream, Soja Cream)
	Salz | weißer Pfeffer		abgeriebene Schale von
	Saft von 1 Zitrone	1	Zitrone
½	Bund Petersilie		
100 ml	Soja-Sahne (z.B.		

- Den Römertopf wässern. Das Hähnchen kalt abspülen, trockentupfen und außen und innen salzen und pfeffern. Das Hähnchen mit dem Zitronensaft beträufeln. Die Petersilie abspülen, trockenschütteln und in den Bauch des Hähnchens füllen.

- Soja-Sahne mit 100 ml Wasser verquirlen, mit der abgeriebenen Zitronenschale vermischen und in den Römertopf füllen. Das Hähnchen mit der Brustseite nach oben in den Römertopf legen. Die Form schließen und in den kalten Backofen stellen. Auf 200 Grad schalten (Umluft 180 Grad).

- Nach etwa 1 Stunde den Deckel abnehmen und das Hähnchen zurück in den Ofen stellen. Noch etwa weitere 10 Min. braten, bis es schön knusprig ist.

Beilage: Französisches Weißbrot und grüner Salat.

Hähnchen-Rouladen mit Spinat

Schnell zubereitet und ein echter Hingucker – die lustig gewickelten Hähnchen-Rouladen schmecken Kindern genauso gut wie Ihren Gästen.

4 Portionen · geht schnell

4	Hähnchenbrustfilets
	Salz | Pfeffer, frisch gemahlen
1	Knoblauchzehe
150 g	TK-Blattspinat
1 EL	Olivenöl
1 TL	Soja-Sahne (z.B. Soya Cuisine, Soja Dream, Soja Cream)
½ TL	Senf
1 TL	Semmelbrösel (milchfrei)

- Die Hähnchenbrustfilets leicht anfrieren, denn so lassen sie sich besonders dünn aufschneiden. Jedes Filet in zwei- bis drei dünne Scheiben schneiden. Von beiden Seiten mit Salz und Pfeffer einreiben. Knoblauch abziehen und fein hacken.

- Blattspinat in Olivenöl andünsten und den feingehackten Knoblauch zufügen. Soja-Sahne, Senf und Semmelbrösel untermischen. Abkühlen lassen und kräftig mit Salz und Pfeffer abschmecken.

- Die Spinatmasse aufs Fleisch streichen, aufrollen und mit Holzspießchen zusammenstecken. Im heißen Öl bei mittlerer Hitze von allen Seiten etwa 15 Min. braten. Vor dem Servieren aufschneiden und auf Salat anrichten.

Amaretto-Hähnchen

Servieren Sie das Hähnchen auf jeden Fall mit genügend Brot, denn man wird Sie lieben für die Orangen-Amaretto-Sauce.

4 Portionen · gelingt leicht

3	Hähnchenbrustfilets
	Salz | Pfeffer, frisch gemahlen
2 TL	Paprika, edelsüß
2 EL	Mehl
1 EL	Olivenöl
2 EL	Margarine (milchfrei)
1	Knoblauchzehe
½	Tasse Amaretto
200 ml	Orangensaft
1 EL	Dijon-Senf

- Filets kalt abspülen, trockentupfen und mit Salz, Pfeffer und Paprika einreiben. Anschließend in Mehl wenden. Öl und Margarine in einer Pfanne erhitzen. Die Knoblauchzehe abziehen, vierteln und für 3 Min. im nicht zu heißen Fett schwenken. Anschließend herausnehmen.

- Die Filets bei starker Hitze von allen Seiten anbraten und in eine Auflaufform oder Kasserolle legen. Amaretto, Orangensaft und Dijon-Senf in die Pfanne geben und den Bratensatz loskochen. Sauce über die Filets geben und bei 175 Grad (Umluft 150 Grad) im Backofen für 30 Min. mit Alufolie abgedeckt backen.

▲ Hähnchen-Rouladen mit Spinat

▲ Putenschnitzel in Zwiebelsauce

Putenschnitzel in Zwiebelsauce

4 Portionen · gut vorzubereiten

Achtung: Produkt enthält Laktose

- 2 Beutel „Zwiebelsuppe“ (Maggi)
- 500 ml Soja-Sahne (z.B. Soya Cuisine, Soja Dream, Soja Cream)
- 1 TL Margarine (milchfrei)
- 500 g Putenschnitzel oder Hähnchenbrust

Zwiebelsuppen-Pulver in die Soja-Sahne einrühren. Eine Auflaufform einfetten und die Putenschnitzel hineingeben. Die Zwiebelmasse darübergießen und das Ganze ca. 30 Min. bei 175 Grad (Umluft 160 Grad) im Backofen überbacken.

Beilage: Salzkartoffeln, Kartoffelauflauf oder Rösti.

Putengeschnetzeltes

2–3 Portionen · geht schnell

- 100 g Schalotten
- 2 EL Öl
- 500 g Putenbrust
- 2 EL Curry
- 1½ EL Mehl
- Salz | Pfeffer, frisch gemahlen
- ¼ l Gemüsebrühe
- 250 ml Soja-Sahne (z.B. Soya Cuisine, Soja Dream, Soja Cream)
- 2 Sternfrüchte

Schalotten abziehen, vierteln und in Öl glasig dünsten. Putenfilet kalt abspülen, trockentupfen, in Streifen schneiden und anbraten. Curry und Mehl über das Fleisch geben und kurz anschwitzen.

Mit Gemüsebrühe und Soja-Sahne ablöschen, mit Salz und Pfeffer würzen. 2 bis 3 Min. kochen lassen. Sternfrüchte abspülen, in fünf Teile schneiden, entkernen und in Scheiben schneiden. Zum Schluss der Sauce unterheben.

Gegrillte Madeira-Hähnchenbrust

4 Portionen · gut vorzubereiten

- 6 EL Madeira
- 2 EL Orangensaft
- 1 EL Zitronensaft
- 8 EL Olivenöl
- Salz | Pfeffer, frisch gemahlen
- abgeriebene Schale von ½ Orange
- abgeriebene Schale von ½ Zitrone
- 1 EL brauner Zucker
- 4 Hähnchenbrustfilets
- 1 Kästchen Kresse

Madeira, Orangen- und Zitronensaft, Öl, abgeriebene Orangen- und Zitronenschale, Salz, Pfeffer und Zucker zu einer Marinade verrühren. Hühnerbrüste kalt abspülen und trockentupfen, in die Marinade geben und im Kühlschrank mindestens 24 Stunden durchziehen lassen.

Herausnehmen, etwas abtupfen und von jeder Seite 6 bis 8 Min. grillen oder in der Pfanne braten. Mit Salz und Pfeffer würzen und mit Kresse bestreut servieren.

Ente mit Apfel-Zwiebel-Füllung

Es gibt keinen Grund, sich nicht an die gefüllte Ente zu wagen. Die Zubereitung ist kinderleicht, Sie brauchen nur etwas Geduld.

4 Portionen · braucht etwas mehr Zeit

1	Flugente, küchenfertig (ca. 3 kg)
3 EL	flüssige Speisewürze
	Salz
	Pfeffer, frisch gemahlen
2 EL	Öl
1	Bund Rosmarin
500 g	Zwiebeln
750 g	Äpfel
1	Brötchen, altbacken (milch- und eifrei)
2 EL	Schmalz
1	Karotte
1	Stange Lauch
¼ l	trockener Weißwein
2 EL	Soja-Sahne (z.B. Soya Cuisine, Soja Dream, Soja Cream)

Tipp

Die Ente gelingt Ihnen am besten, wenn Sie ein so genanntes Bratenthermometer einsetzen. Damit können Sie die Kerntemperatur messen, die ungefähr bei 90 Grad liegen sollte – so bleibt die Ente schön saftig und wird außen herrlich knusprig.

- Ente von innen und außen kalt abspülen und trockentupfen. Speisewürze, etwas Salz, Pfeffer und Öl verrühren und die Ente innen und außen damit einreiben. Rosmarin abspülen, trockenschütteln und die Nadeln von den Stielen zupfen. Etwa $^1/_3$ zu Seite stellen.

- 1 Zwiebel und 1 Apfel ebenfalls zur Seite legen. Restliche Zwiebeln abziehen und in dünne Ringe schneiden. Restliche Äpfel abspülen, vierteln, vom Kerngehäuse befreien und in grobe Stücke schneiden.

- Das Brötchen würfeln. Die Hälfte des Schmalzes erhitzen, Zwiebelringe darin glasig dünsten. Brotwürfel und Rosmarin zugeben. Pfanne vom Herd nehmen, Apfelstücke unterheben, mit Salz und Pfeffer abschmecken.

- Die Masse in die Ente füllen, zustecken, und die Ente mit Küchengarn in Form bringen. Die Zwiebel abziehen und vierteln. Die Karotte schälen und in grobe Stücke schneiden. Die Lauchstange putzen, abspülen und in breite Streifen schneiden. Den Apfel achteln und das Kerngehäuse entfernen.

- Das restliche Schmalz in einem Bräter erhitzen und die Ente rundherum darin anbraten. Das Gemüse und den Apfel zugeben, kurz anschwitzen und mit dem Wein ablöschen. Den geschlossenen Bräter auf der unteren Schiene in den Backofen schieben und die Ente etwa 2 Stunden bei etwa 160 Grad (Umluft etwa 145 Grad) braten.

- Die gegarte Ente im abgeschalteten Backofen warm halten. Vom Bratenfond das überschüssige Fett abschöpfen. Den Fond pürieren, durch ein Sieb streichen und mit Soja-Sahne verfeinern. Ente tranchieren und getrennt zur Sauce reichen.

Beilage: Rotkohl und Kartoffeln.

Entengeschnetzeltes „süß-sauer"

Holen Sie sich Ihr China-Restaurant einfach nach Hause: Die zarte Ente schmeckt in der süß-sauren Sauce original asiatisch.

4 Portionen · gelingt leicht

400 g	Karotten
1	Staude Stangensellerie
2	Entenbrüste à 300 g
3 EL	Olivenöl
	Salz | Pfeffer, frisch gemahlen
1	große Dose Ananas
250 ml	chinesische süß-saure Sauce mit Ingwer
2	gestr. EL Speisestärke

- Die Karotten schälen und in Scheiben schneiden. Sellerie putzen, abspülen und das Grün beiseite legen. Sellerie schräg in Scheiben schneiden. Entenbrüste kalt abspülen, trockentupfen und in ca. 1 cm dicke Scheiben schneiden.
- Olivenöl erhitzen. Entenbrust darin portionsweise knusprig braun anbraten. Mit Salz und Pfeffer würzen und aus der Pfanne nehmen. Karotten und Selleriescheiben ins Bratfett geben und andünsten.
- Ananas abtropfen lassen und den Saft dabei auffangen. Gemüse mit der chinesischen Sauce und $^2/_3$ des Ananassaftes ablöschen, aufkochen und etwa 5 Min. köcheln lassen.
- Stärke mit dem übrigen Ananassaft glattrühren, tropfenweise in die Sauce geben und erneut aufkochen lassen. Ananasscheiben halbieren, mit der Entenbrust zum Gemüse geben und kurz erwärmen. Entengeschnetzeltes mit dem Selleriegrün garniert servieren.

Beilage: Basmati- oder Wildreis.

Chinesische süß-saure Sauce

4 Portionen · gelingt leicht

150 ml	Hühnerbrühe
1 EL	Sojasauce
½ TL	Salz
1½ TL	Reißwein-Essig bzw. Apfel-Essig
1 EL	Zucker
1 EL	Tomatenmark
1 EL	Speisestärke

Süß-saure Sauce bekommen Sie in jedem asiatischen Lebensmittelladen oder auch in großen, gut sortierten Supermärkten. Die Gläser finden Sie dort meist bei den ausländischen Lebensmitteln. Falls Sie vergeblich nach ihr suchen sollten, können Sie auch diese süß-saure Sauce verwenden:

- Hühnerbrühe, Sojasauce, Salz, Essig, Zucker und Tomatenmark gut miteinander mischen und aufkochen. Stärke mit 1 Esslöffel Wasser verrühren, tropfenweise in die Sauce einrühren, aufkochen und köcheln lassen, bis die gewünschte Konsistenz erreicht ist.

Festtagsbraten

Wenn es diesen Braten gibt, laden Sie am besten gute Freunde ein und stellen gleich einige Flaschen Rotwein bereit.

6 Portionen · braucht etwas mehr Zeit

2–2½ kg Rollschinken
1 Zwiebel
200 g Sellerie
1 Karotte
Petersilie
1 Flasche Spätburgunder
1 EL Zucker
4 cl Kirschwasser
1 EL Mehl
4 EL Soja-Sahne (z.B. Soya Cuisine, Soja Dream, Soja Cream)
Tomatenmark
Salz | Pfeffer, frisch gemahlen

- Schinken ca. 2 Stunden in soviel Wasser kochen lassen, dass das Fleisch gerade bedeckt ist. Vorsichtig die Schwarte abziehen und den Schinken in einen Bräter legen. Zwiebel abziehen, Sellerie und die Karotte putzen, schälen und alles in Würfel schneiden. Petersilie abspülen, trockenschütteln und hacken.

- Rotwein, Gemüse und die Petersilie zum Schinken geben. In den 180 Grad (Umluft 160 Grad) heißen Backofen stellen. Den Schinken regelmäßig mit dem Bratensaft übergießen. Nach 1 Stunde die Fettseite kreuzförmig einschneiden, die Fläche mit Zucker bestreuen und mit Kirschwasser übergießen.

- Den Schinken in die Fettpfanne legen und so im Backofen lassen, bis die Fettseite golden und knusprig ist. Den Bratenfond aufkochen und mit dem in der Soja-Sahne verrührten Mehl binden. Sauce durch ein Sieb streichen und mit Tomatenmark und mit Salz und Pfeffer abschmecken. Den Schinken aufschneiden und auf einer Platte anrichten.

Gulasch

Ganz unkompliziert lässt sich das leckere Gulasch zubereiten. Und wenn Sie es eilig haben, dann nehmen Sie einfach den Schnellkochtopf.

2 Portionen · gelingt leicht

500 g Rindergulasch
1 EL Öl
2 Zwiebeln
1 Packung Fix für „Gulasch" Lachende Köchin (von Aldi) oder Maggi-Fix für „Gulasch"
250 ml Fleischbrühe

- Gulasch im heißen Öl rundherum scharf anbraten. Die Zwiebeln abziehen, in grobe Stücke schneiden und dazugeben. Die Brühe hinzufügen. Den Beutel Gulasch-Fix nach Gebrauchsanweisung zubereiten und ebenfalls hinzufügen. Im Ofen bei 200 Grad (Umluft 180 Grad) etwa 1 ½ Stunden, im Schnellkochtopf ca. 30 Min kochen lassen.

Beilage: Klöße (die Liste der Hersteller von geeigneten Klößen finden Sie in der Innenklappe).

Kasseler in Blätterteig

Herrlich, was sich unter der knusprigen Blätterteighülle verbirgt: ein saftiger Kasselerbraten mit zartem Kräuteraroma.

- Kasseler kalt abspülen, trockentupfen, in einen Bräter geben, Öl und $^{1}/_{8}$ Liter Wasser hinzufügen und ohne Deckel in den 225 Grad (Umluft 200 Grad) heißen Backofen stellen. Für 15 bis 20 Min. auf der mittleren Schiene garen. Danach Fleisch abkühlen lassen und mit Senf, Salz und Pfeffer und den Kräutern einreiben.

- Aufgetaute Blätterteigplatten aufeinanderlegen und auf einer leicht bemehlten Arbeitsfläche zu einer großen Platte ausrollen. Zwei bis drei schmale Streifen der Teigplatte abtrennen und beiseite legen. Fleisch in den Blätterteig einwickeln und auf ein mit Backpapier ausgelegtes Backblech legen.

- Die Teigstreifen mit etwas Wasser bestreichen und kreuzweise auflegen, sodass ein Rautenmuster entsteht. Anschließend 15 Min. ruhen lassen. Die Blätterteighülle mit Wasser bepinseln und für 30 bis 35 Min. zurück in den Backofen setzen.

Beilage: Chicoréesalat mit Obst.

4 Portionen · gelingt leicht

1 kg	Kasseler ohne Knochen
EL	Öl
1 TL	Kräutersenf
	Salz | Pfeffer, frisch gemahlen
1 TL	gehackte Kräuter
300 g	TK-Blätterteig (z.B. von Dr. Oetker)

Tipp

Als Füllung eignet sich auch eine Hackfleischmasse oder eine Hackfleisch-Gemüse-Masse. Nicht geeignet sind Füllungen, die viel Feuchtigkeit abgeben, da der Blätterteig beim Backen dann nicht knusprig, sondern „speckig“ wird.

SO WIRD'S GEMACHT

Wein und Brühe auf Vorrat

Reste von Wein oder Brühe einfach in Eiswürfelbehälter füllen und tiefgefrieren. So haben Sie immer einen kleinen Vorrat zum Verfeinern von Saucen. Man kann die Würfel einfach tiefgefroren in die Sauce geben.

Rinderrouladen mit Schinken-Salbei-Füllung

Diese italienisch inspirierten Rouladen sind eine besonders feine und leichte Version der klassischen Sorten mit Gurke oder Speck.

4 Portionen · gut vorzubereiten

4	Rinderrouladen
	Pfeffer, frisch gemahlen
4	Scheiben Kochschinken
4	Salbeiblätter
	Küchengarn
1	Zwiebel
2 EL	Olivenöl
1 EL	Mehl
¼ l	Fleischbrühe
	Salz
1	Zweig Thymian

- Die Rouladen kalt abspülen, trockentupfen und pfeffern. Jede Roulade mit 1 Scheibe Schinken und 1 Salbeiblatt belegen, aufrollen und mit Küchengarn binden. Die Zwiebel abziehen und vierteln.
- Olivenöl im Schnellkochtopf erhitzen, Rouladen und Zwiebel darin rundum anbraten. Mit Mehl bestäuben und mit der Brühe aufgießen. Kurz aufkochen lassen, dann Salz und Thymian zugeben.
- Den Deckel des Schnellkochtopfes schließen und etwa 20 Min. garen. Nach Ende der Garzeit den Thymianzweig entfernen und die Rouladen vor dem Servieren von den Fäden befreien.

Tipp

Die Zubereitungszeit in einem herkömmlichen Bräter oder Topf beträgt ungefähr 1 ½ bis 1 ¾ Stunden.

SO WIRD'S GEMACHT

Rinderrouladen einmal anders

Sie können die Rouladen auch mit Senf bestreichen und sie mit Gurke und gewürfelten Zwiebeln füllen. Lecker ist auch die Variante mit einer Füllung aus Zwiebeln und Bacon. Auch eine Füllung aus Hackfleisch ist sehr beliebt. Zum Zusammenhalten haben sich auch Rouladenklammern und Rouladenspieße (aus Metall) bewährt. Diese können Sie vor dem Servieren entfernen und niemand muss den Faden in der Sauce suchen.

Bigos

4 Portionen · gut vorzubereiten

500 g	Schweinefilet
125 g	magerer Räucherspeck
3	Zwiebeln
2 EL	Öl
250 g	Kabanossi
750 g	Weißkohl
200 g	Pilze
3	große Kartoffeln
400 g	Sauerkraut
2	Knoblauchzehen
1	kleine Dose Tomatenmark
2 TL	Pflaumenmus
1 TL	Kümmel
2 TL	Rosenpaprika
1	Prise Majoran, getrocknet
1	Lorbeerblatt
5	Pimentkörner
½ l	Weißwein
	Fleischbrühe
	Salz | Pfeffer, frisch gemahlen

- Schweinefleisch kalt abspülen und trockentupfen. Speck und Filet in kleine Würfel bzw. Medaillons schneiden. Die Zwiebeln abziehen und fein würfeln. Das Öl in einem Topf erhitzen und das Fleisch und den Speck zusammen mit den Zwiebeln scharf anbraten. Die Wurst in Scheiben schneiden. Den Weißkohl abspülen und in grobe Stücke schneiden. Beides in den Topf geben.

- Pilze mit einem feuchten Tuch abreiben und putzen. Die Kartoffeln schälen und würfeln. Das Sauerkraut abtropfen lassen. Knoblauch abziehen und zerdrücken. Pilze, Kartoffelwürfel, Sauerkraut, Tomatenmark, Pflaumenmus, zerdrückte Knoblauchzehen und die Gewürze hinzufügen.

- Weißwein angießen und so viel Brühe dazugeben, dass die gut vermischten Zutaten knapp bedeckt sind. Bigos im verschlossenen Topf so lange wie möglich garen. Mit Salz und Pfeffer abschmecken. Heiß oder auch lauwarm mit frischem Holzofenbrot servieren.

Frikadellen

4 Portionen · preiswert

2	Scheiben trockenes Weißbrot oder 1 trockenes Brötchen (milch- und eifrei)
2	kleine Zwiebeln
500 g	gemischtes Hackfleisch
1 ML	Bindobin (aus dem Reformhaus)
1 TL	Paprika
	Salz | Pfeffer, frisch gemahlen
	Öl zum Braten

- Brot oder Brötchen kurz in Wasser einweichen. Zwiebeln abziehen und fein würfeln. Zusammen mit dem Hackfleisch, dem Bindobin, dem ausgedrückten Weißbrot und Paprika zu einer homogenen Menge verkneten. Kräftig mit Salz und Pfeffer abschmecken.

- Öl in der Pfanne erhitzen. Hackfleischmasse zu kleinen, flachen Klopsen formen und in das heiße Fett geben. Die Frikadellen auf beiden Seiten braun anbraten.

Tipp

Sie können aus der Hackfleischmasse auch kleine Bällchen formen, die gut in einer Sauce schmecken. Frikadellen schmecken auch kalt sehr gut: Sie passen ideal zum Picknick und als kleine Klopse geformt sind sie der beliebte Klassiker auf dem kalten Büfett.

Chili con Carne

4 Portionen · gut vorzubereiten

500 g	gemischtes Hackfleisch
1 EL	Öl
100 g	Schinkenwürfel
2	kleine Zwiebeln
2	Dosen Chilibohnen
2	Beutel Knorr-Fix „Chili con Carne“
1 EL	Tomatenmark
	Salz | Pfeffer, frisch gemahlen

- Hackfleisch in einer Pfanne im heißen Öl scharf anbraten. Mit einem Löffel dabei zerkleinern. Schinkenwürfel hinzugeben und alles so lange braten, bis es ansetzt. Zwiebeln abziehen, sehr fein würfeln und dem Fleisch hinzufügen.

- Chilibohnen abgießen und hinzugeben. Den Beutel Knorr-Fix nach Gebrauchsanweisung anrühren und hinzugeben. Nach Geschmack Tomatenmark hinzugeben und mit Salz und Pfeffer abschmecken.

Beilage: Weißbrot, Reis oder gebackene Kartoffeln.

MEHR WISSEN

Kleine Warenkunde: Grünkern

Unreif geernteten Dinkel nennt man Grünkern, eine Urform des heutigen Weizens. Grünkern enthält jede Menge Mineralstoffe und Spurenelemente, wie z.B. Magnesium, Eisen und Zink. Außerdem liefert er hochwertiges Eiweiß. Seine Körner sind grün und glänzend, schmecken würzig und lassen sich geschrotet oder gemahlen zu allerhand Leckereien verarbeiten: Grünkernsuppen, -aufläufe oder -bratlinge.

Grünkernwürstchen

2 Portionen · braucht etwas mehr Zeit

60 g	Grünkern, gemahlen
½	Stange Lauch
200 g	Rindergehacktes
1 EL	Margarine (milchfrei)
	Salz | Pfeffer, frisch gemahlen

- Grünkern mit 60 ml Wasser verrühren und quellen lassen. Lauch abspülen, putzen und den hellgrünen Teil der Stange in sehr feine Ringe schneiden. In Margarine zugedeckt 20 Min. dünsten. Rindergehacktes, Lauch und Grünkern mischen und mit Salz und Pfeffer abschmecken.

- Aus dem Teig daumengroße Würstchen formen. In einem Topf Wasser zum Kochen bringen. Die Würstchen in das kochende Wasser geben. Herd herunterschalten und etwa 15 Min. ziehen lassen.

Wichtig: Auf jeden Fall die Hitze reduzieren. Das Wasser darf nicht kochen, sonst fallen die Würstchen auseinander.

Tipp

In den meisten gekauften Würstchen ist Milcheiweiß enthalten. Bitte lesen Sie stets aufmerksam die Zutatenliste! Es gibt durchaus Würstchen, die auch für Milchallergiker geeignet sind (siehe Liste in der Klappe).

Gefüllte Paprikaschoten

Ein beliebter Klassiker, der schnell zubereitet ist und zu dem Reis, Kartoffeln oder auch einfach nur Weißbrot schmeckt.

4 Portionen · gut vorzubereiten

2	Scheiben trockenes Weißbrot oder 1 altes Brötchen (milch- und eifrei)
2	kleine Zwiebeln
500 g	Hackfleisch, gemischt
	Salz | Pfeffer, frisch gemahlen
1 TL	Paprika
1 ML	Bindobin (aus dem Reformhaus)
4	bunte Paprikaschoten
1 EL	Öl
¼ l	Gemüsebrühe
1–2	Päckchen Maggi-Fix „Delikate Sauce“ oder „Sauce zum Braten“

Beilage: Reis, Kartoffeln oder Kartoffelpüree.

- Brot oder Brötchen kurz in Wasser einweichen. Die Zwiebeln abziehen und fein würfeln. Das Hackfleisch in einer Schüssel mit den Zwiebeln, Pfeffer, Salz und Paprika und dem Bindobin vermengen. Das eingeweichte Brot ausdrücken und zum Hackfleisch geben. Nochmals gut durchkneten.

- Die Paprikaschoten abspülen, ihren Deckel entfernen, entkernen und aushöhlen. Die Hackfleischmasse in die Paprikaschoten bis zum oberen Rand füllen und etwas eindrücken.

- In einer feuerfesten Form das Öl erhitzen und die Paprikaschoten nebeneinander stellen. Sie sollten nicht liegen, weil sonst die Füllung herausfällt. Im Backofen etwa 10 Min. bei 200 Grad (Umluft 180 Grad) backen.

- Mit Gemüsebrühe auffüllen und geschlossen noch einmal ca. 40 Min. weitergaren. Die gefüllten Paprikaschoten aus der Flüssigkeit nehmen und das Saucenpulver in die Flüssigkeit einrühren. Aufkochen und zusammen mit den Paprikaschoten servieren.

Rinder-Hirse-Bratlinge

Simples Rezept – aber echt raffiniert. Die Klopse sind fix zubereitet und schmecken warm und kalt.

4 Portionen · gelingt leicht

500 g	Hirseflocken
500 g	Rinderhackfleisch
	Sprudelwasser
1	Zwiebel
1	Knoblauchzehe
	Salz | Pfeffer, frisch gemahlen
	Öl zum Braten

- 3 bis 4 Esslöffel Hirseflocken beiseite stellen. Hackfleisch und übrige Hirseflocken mischen und mit so viel Sprudelwasser verkneten, bis ein geschmeidiger Teig entsteht. Die Zwiebel und die Knoblauchzehe abziehen, fein würfeln und unter den Teig kneten. Mit Salz und Pfeffer abschmecken.

- Den Teig etwa 15 Min. quellen lassen. Mit nassen Händen flache Bällchen formen, in Hirseflocken wälzen und von beiden Seiten braun anbraten.

▲ Gefüllte Paprikaschoten

Cevapcici

Perfekt für den Grillabend oder zusammen mit Reis und Salat ein herzhaftes sommerliches Mittag- oder Abendessen.

4 Portionen · preisgünstig

2	Zwiebeln
500 g	Hackfleisch
3 EL	Tomatenketchup
1 EL	gehackte Petersilie
	Salz | Pfeffer, frisch gemahlen
	Paprika

- Zwiebeln abziehen, in feine Würfel schneiden und mit dem Hackfleisch, dem Tomatenketchup und der Petersilie zu einem Teig verkneten. Kräftig mit Salz, Pfeffer und Paprika würzen.

- Aus dem Teig daumengroße Röllchen formen und auf dem Grill oder in der Pfanne von allen Seiten anbraten.

Beilage: Pommes frites oder Reis und Salat.

Souflaki

Feines Lamm, frische Minze und das Aroma von Zitronen – unvergleichlich mediterran, am besten vom Holzkohlegrill.

4 Portionen · gut vorzubereiten

750 g	Lammfleisch, gewürfelt
3 EL	Olivenöl
	Pfeffer, frisch gemahlen
	Saft von 1 Zitrone
2 EL	frische Minze
2	Knoblauchzehen
3	Frühlingszwiebeln
	Salz

- Fleisch, Öl, eine kräftige Prise Pfeffer und Zitronensaft in eine Schüssel geben. Die Minze abspülen, trockenschütteln und hacken. Knoblauch abziehen und fein würfeln. Minze und Knoblauch zum Fleisch geben, gut vermengen und mit Frischhaltefolie zugedeckt mindestens 3 Stunden im Kühlschrank marinieren.

- Frühlingszwiebeln putzen und in etwa 5 cm lange Stücke schneiden. Abwechselnd Fleisch und Frühlingszwiebeln auf Spieße stecken und salzen. Im vorgeheizten Ofen oder auf dem Grill 3 bis 4 Min. pro Seite bei großer Hitze grillen.

Beilage: Fladenbrot und Knoblauchjoghurt (siehe Seite 68).

Ananas-Spieße

Eine bunte Mischung am Spieß: Die Früchte sorgen für die Raffinesse der bei Kindern beliebten Ananas-Spieße.

- Filet kalt abspülen, trockentupfen und in Scheiben schneiden. Kalbsbratwürste und Frankfurter brühen. In gleich große Stückchen schneiden. Den durchwachsenen Speck in Scheiben schneiden, die Ananasscheiben vierteln und den Apfel schälen, vom Kerngehäuse befreien und nicht zu klein würfeln.

- Die Stücke abwechselnd auf Spieße stecken. Mit Öl bepinseln, salzen und pfeffern und auf dem Grillrost, im Backofen oder in der Pfanne etwa 5 bis 10 Min. grillen.

Beilage: Safranreis oder Stangenbrot.

2–3 Portionen · gut vorzubereiten

250 g	Schweinefilet
2	Kalbsbratwürste
2	Frankfurter Würstchen
50 g	durchwachsener Speck
4	Scheiben Ananas
1	saurer Apfel
4 TL	Öl
	Salz | weißer Pfeffer
	Holzspieße

Fleischspieße mit Champignons

Lecker gegrillt sind die Spieße genau das Richtige für echte Kerle und alle, die es deftig mögen.

- Das Schweinefleisch kalt abspülen und trockentupfen. In fingerdicke Scheiben schneiden. Über Nacht in einer Mischung aus Öl, Weinbrand und geschrotetem Pfeffer marinieren. Die Champignonköpfe mit einem feuchten Tuch abreiben und mit den Rauchfleischscheiben umwickeln.

- Fleischscheiben und Champignonköpfe abwechselnd auf Spieße stecken. An den beiden Enden mit Fleisch abschließen, damit es zusammenhält. Auf dem Grill oder im Backofen 5 bis 10 Min. garen und erst nach dem Grillen salzen.

Beilage: Dips und Weißbrot.

4 Portionen · braucht etwas mehr Zeit

600 g	Schweinefleisch
2 EL	Öl
2 EL	Weinbrand
	Pfeffer, geschrotet
18	Champignonköpfe
18	Scheiben Rauchfleisch
	Salz

Soja-Marinade

Marinade für ca. 500 g Fleisch · geht schnell

2	Zwiebeln	⅛ l	trock. Weißwein
⅛ l	Sojasauce	4 EL	Öl

- Zwiebeln abziehen und in Ringe schneiden. Sojasauce und Öl vermischen und die Zwiebeln dazugeben. Etwas durchziehen lassen, Fleisch hineinlegen und zugedeckt in den Kühlschrank stellen – am besten über Nacht. Einige Male wenden.

Curry-Dip

4 Portionen · geht schnell

½	Banane	3 TL	Curry
2 EL	Soja-Joghurt (z.B. von Alpro oder Provamel)		Zucker
		150 g	Tofunaise
		1 EL	Walnüsse

- Die Banane zerdrücken und mit dem Soja-Joghurt und dem Curry verrühren. Zucker hinzufügen und die Tofunaise unterziehen. Die Walnüsse hacken und den Dip mit ihnen bestreuen.

Knoblauchjoghurt

4 Portionen · gelingt leicht

½	Salatgurke	100 g	Soja-Joghurt (z.B. von Alpro oder Provamel)
2	Knoblauchzehen	3 TL	TK-Dill
200 ml	Soja-Sahne (z.B. Soya Cuisine, Soja Dream, Soja Cream)	1 TL	Zitronensaft
			Zucker
			Salz | Pfeffer, frisch gemahlen

- Die Salatgurke abspülen, der Länge nach halbieren und mit einem Teelöffel die Kerne herauskratzen. Die Gurke auf einer Gemüsereibe fein raspeln. Knoblauch abziehen und ganz fein schneiden. Alle Zutaten zu einer Creme verrühren. Mit Zitronensaft, Zucker, Salz und Pfeffer abschmecken und etwa 20 Min. ziehen lassen.

Paprika-Tomaten-Dip

4 Portionen · gelingt leicht

2	Tomaten	1	kleine Gewürzgurke
½	gelbe Paprika	2 EL	Apfelmus
1	kleine Zwiebel	1–2	Blatt Gelatine
1 TL	Paprika		
	Salz | Pfeffer, frisch gemahlen		

- Die Tomaten abspülen, putzen und entkernen. Paprika abspülen und entkernen, die Zwiebel abziehen und grob würfeln. Tomaten, Paprika und Zwiebeln mit Paprika, Salz, Pfeffer, der Gewürzgurke und dem Apfelmus mit dem Stabmixer oder im Standmixer nicht zu fein pürieren.
- Die Gelatine in kaltem Wasser einweichen, nach 10 Min. sorgfältig ausdrücken und in einem Topf bei schwacher Hitze auflösen. Unter Rühren tropfenweise in die Sauce geben, bis die gewünschte Konsistenz erreicht ist.

Soja-Knoblauch-Dip

4 Portionen · geht schnell

1	Frühlingszwiebel	3 EL	Erdnussöl
3	Knoblauchzehen		Zucker
6 EL	dunkle Sojasauce		

- Frühlingszwiebel putzen und in feine Ringe schneiden, hacken. Den Knoblauch abziehen und pressen (oder ganz fein hacken). Mit der Sojasauce, dem Erdnussöl verrühren und mit Zucker abschmecken.

Erdnuss-Sauce

4 Portionen · gelingt leicht

2	Knoblauchzehen	1 TL	brauner Zucker
225 g	Erdnussbutter		Salz | Pfeffer, frisch gemahlen
1 EL	Sojasauce		
1 EL	Zitronensaft		

- Die Knoblauchzehen abziehen und zerdrücken und zusammen mit der Erdnussbutter, der Sojasauce, dem Zitronensaft, dem Zucker und 1 EL Wasser in einem kleinen Topf langsam erhitzen. Dabei gut verrühren.

- Nach und nach so viel Wasser einrühren, bis die Sauce glatt ist. Mit Salz und Pfeffer abschmecken und heiß servieren.

Passt gut zu: gegrilltem Geflügel.

Ananassauce

4 Portionen · braucht etwas mehr Zeit

1	Ananas	1	Stück Zimtrinde
	Saft von		Salz
½	Zitrone	2	Chilischoten
2 EL	Honig	⅛ l	Weißwein
1 Msp.	Muskatnuss, frisch gerieben		

- Ananas schälen, den harten Kern entfernen und das Fruchtfleisch kleinschneiden. Eine Tasse ganz klein geschnittenes Fruchtfleisch zurückbehalten. Zitronensaft mit Honig, Muskat, der Zimtrinde, den Ananasstücken und etwas Salz in einen Topf geben. Chilischoten entkernen, fein hacken und dazu geben.

- 1/8 l Wasser und den Weißwein hinzufügen und 30 Min. kochen lassen. Die Sauce bis auf ein Drittel reduzieren. Anschließend im Mixer pürieren, Fruchtstücke zugeben und warm servieren.

Curry-Bananen-Cocktailsauce

4 Portionen · gelingt leicht

1	Banane		Salz
1 TL	Zitronensaft		Zucker
1	Tasse Soja-Sahne (z.B. Soya Cuisine, Soja Dream, Soja Cream)	½ TL	Curry

- Banane schälen und mit Zitronensaft, Soja-Sahne, Salz, Zucker und Curry in den Mixer geben und 2 Min. bei mittlerer Einstellung mixen.

Hack-Kartoffel-Auflauf

Für den großen Hunger eignet sich dieser deftige Auflauf perfekt. Das Beste: Gemüse und Kartoffeln sind schon dabei.

4 Portionen · gut vorzubereiten

1	Brötchen, altbacken (milch- und eifrei)
2	Zwiebeln
1	Knoblauchzehe
750 g	Hackfleisch, gemischt
	Salz | Cayennepfeffer
2	Zucchini
3	Kartoffeln
3 TL	Olivenöl
	Pfeffer, frisch gemahlen
1 EL	Margarine
6	Tomaten
2 EL	Tomatenmark
1 EL	Zucker
	einige Blätter Basilikum

Tipp

Statt des Brötchens können Sie auch 3 EL Paniermehl unter das Hack kneten.

- Brötchen in etwas Wasser einweichen. Zwiebeln und Knoblauch abziehen und hacken. Die Hälfte der Zwiebeln mit dem Hackfleisch, Knoblauch und dem ausgedrückten Brötchen verkneten. Mit Salz und Cayennepfeffer abschmecken.

- Zucchini putzen, abspülen und in Scheiben schneiden. Kartoffeln schälen und in dünne Scheiben hobeln. Eine Auflaufform mit 1 Teelöffel Olivenöl ausstreichen. Die Hackmasse hineinfüllen, darauf die Zucchinischeiben geben und zuletzt die Kartoffeln hineinschichten. Jede Schicht mit Salz und Pfeffer würzen.

- Margarine schmelzen und die Kartoffelschicht damit beträufeln. Im 200 Grad (Umluft 180 Grad) heißen Backofen 35 bis 40 Min. backen.

- Die Tomaten abspülen und würfeln. Restliches Olivenöl in einem großen Topf erhitzen und die übrigen Zwiebeln darin glasig dünsten. Tomaten und Tomatenmark zufügen. Mit Zucker, Salz und Pfeffer abschmecken.

- Bei mittlerer Hitze zugedeckt etwa 10 Min. garen. Anschließend offen etwa 10 Min. einkochen lassen. Auflauf zusammen mit der Tomatensauce servieren und nach Belieben mit Basilikum garnieren.

SO WIRD'S GEMACHT

Richtig einfrieren

Aufläufe werden in Gefrierfolie verpackt ins Eisfach gegeben. Lagern sollten sie nicht länger als zwei Monate. Lassen Sie den Auflauf beim Backen nicht zu stark bräunen, weil man ihn nach dem Einfrieren wieder aufbacken muss: einfach gefroren und mit Margarineflöckchen belegt bei 200 Grad (Umluft 180 Grad) für knapp 1 Stunde in den Ofen schieben.

Hackfleisch-Auflauf

4 Portionen · gut vorzubereiten

300 g	TK-Blätterteig (z.B. von Dr. Oetker)
500 g	Hackfleisch, gemischt
1 TL	Margarine (milchfrei)
2	kleine Zwiebeln
100 g	Schinkenwürfel
250 g	rosa Champignons
250 g	Weißkohl (ca. ¼ Kopf)
	Pfeffer, frisch gemahlen
	Salz | Paprika
½	Bund Petersilie

- Blätterteigplatten einzeln auftauen lassen. Inzwischen Hackfleisch in einer großen Pfanne in der heißen Margarine anbraten. Zwiebeln abziehen und fein würfeln. Schinkenwürfel und kleingeschnittene Zwiebel hinzugeben.

- Champignons mit einem feuchten Tuch abreiben, kleinschneiden und mit anbraten. Weißkohl in feine Streifen schneiden und zuletzt hinzugeben. 5 Min. dünsten. Alles mit Pfeffer, Salz und Paprika würzen. Petersilie abspülen, trockenschütteln, hacken und unter die Hackfleischmasse rühren.

- Den Boden einer Auflaufform mit der Hälfte des Blätterteiges auslegen (Einfetten der Form ist nicht nötig, weil der Teig selbst genug Fett enthält). Fleischmasse hineinfüllen und mit einer Schicht Blätterteig abdecken. Dabei die Ränder fest andrücken. Im Backofen etwa 20 bis 30 Min. bei 175 Grad (Umluft 160 Grad) backen. Der Blätterteig sollte goldfarben und knusprig sein.

Beilage: Salat.

Auberginen-Kartoffel-Auflauf

4 Portionen · gut vorzubereiten

3	Zwiebeln
1	Knoblauchzehe
7 EL	Olivenöl
500 g	Hackfleisch, gemischt
	Salz | Pfeffer, frisch gemahlen
	Cayennepfeffer
	Oregano, getrocknet
2½	kleine Auberginen (etwa 600 g)
1	Packung Kartoffelpüree (3 Portionen)
4	Tassen Soja-, Hafer- oder Reismilch
6	Tomaten

- Die Zwiebeln und Knoblauchzehe abziehen und in kleine Würfel schneiden. 3 Esslöffel des Öls in einer Pfanne erhitzen und Zwiebelwürfel und Knoblauch darin Farbe annehmen lassen. Hackfleisch hinzufügen und scharf anbraten.

- Mit Salz, Pfeffer, Cayennepfeffer und Oregano kräftig würzen. Masse aus der Pfanne nehmen und beiseite stellen. Die Auberginen putzen, abspülen und in ca. 1 cm dicke Scheiben schneiden.

- In der Pfanne 3 Esslöffel Öl erhitzen und die Auberginen von beiden Seiten kräftig anbraten. Auf Küchenpapier abtropfen lassen und mit Salz und Pfeffer würzen. Kartoffelpüree nach Packungsanleitung mit Soja-, Hafer- oder Reismilch zubereiten.

- Die Tomaten abspülen und in Scheiben schneiden. Die Hälfte vom Hackfleisch in eine hohe Auflaufform füllen und mit jeweils der Hälfte des Kartoffelpürees, der Auberginen und der Tomaten abdecken. Restliches Hackfleisch und darüber das übrige Püree einschichten.

- Auberginen- und Tomatenscheiben darüber schichten. Mit Salz, Pfeffer und Oregano würzen und mit 1 Esslöffel Öl beträufeln. Im 220 Grad (Umluft 200 Grad) heißen Backofen knapp 30 Min. garen.

Bauernauflauf

4 Portionen · braucht etwas mehr Zeit

1	kleiner Kopf Wirsing (ca. 500 g)	1 ML	Bindobin (aus dem Reformhaus)
	Salz	2 TL	Senf
1	Brötchen, altbacken (milch- und eifrei)	2	große Zwiebeln
		3	Tomaten
250 g	Hackfleisch, gemischt	2 EL	Semmelbrösel (milchfrei)
	Pfeffer, frisch gemahlen	2 EL	Margarine (milchfrei)
		½	Bund Petersilie

- Wirsing abspülen und putzen. Den Strunk herausschneiden und den Kopf am Stück so lange in leicht gesalzenem Wasser sieden, bis sich die Blätter leicht ablösen lassen. Das Brötchen in etwas Wasser einweichen. 8 große Blätter vom Kohlkopf ablösen und die dicken Rippen herausschneiden. Den restlichen Kohlkopf fein hacken.

- Das Brötchen ausdrücken und mit dem gehackten Wirsing, dem Hackfleisch, Salz, Pfeffer, Bindobin und dem Senf zu einem Teig kneten. 1 Zwiebel abziehen, fein hacken und unter den Teig kneten. Lagenweise Wirsingblätter und Fleischteig in eine gefettete Form schichten.

- Tomaten mit heißem Wasser überbrühen, enthäuten und in Scheiben schneiden. Die restliche Zwiebel abziehen und in Ringe schneiden. Den Auflauf mit den Zwiebelringen und den Tomatenscheiben belegen, mit Semmelbröseln bestreuen und Margarineflöckchen darauf verteilen.

- Im 225 Grad (Umluft 200 Grad) heißen Backofen etwa 35 Min. backen. Petersilie abspülen, trockenschütteln und fein hacken. Den fertigen Auflauf damit bestreuen.

SO WIRD'S GEMACHT

Innen herzhaft, außen knusprig

Sie gehören wie die Eintöpfe zu den Speisen, die bei ihrer Zubereitung relativ wenig Stress bereiten. Man schichtet die Zutaten einfach in eine feuerfeste Form aus Keramik oder Glas, schiebt sie in den vorgeheizten Backofen, und dort garen sie von selbst. Die Zutaten werden je nach Rezept und Phantasie abwechselnd in die Form geschichtet, schichtweise gewürzt und häufig mit Saucen übergossen. Das können vorgekochte Saucen, aber auch fertige sein, z.B. Jäger- oder Tomatensauce. Die Saucen bewirken, dass die Aufläufe besonders saftig werden. Und das müssen sie, sonst schmecken sie nicht. Weil jeder Auflauf durch eine knusprige Oberfläche besonders lecker wird, bestreut man ihn – ob mit oder ohne Sauce begossen – mit Semmelbröseln und Margarineflöckchen. Salate sind die ideale Beilage zu pikanten Aufläufen und eine vorzügliche geschmackliche und gesunde Ergänzung.

Leipziger Allerlei

Ein Klassiker unter den feinen Gemüsegerichten, der besonders von Kindern wegen seiner cremigen Sauce beliebt ist.

- Bohnen putzen und abspülen, Karotten schälen. Spargel schälen. Bohnen und Spargel in Stücke, Karotten in Scheiben schneiden. Blumenkohl putzen und in Röschen teilen. Bohnen und Spargel in Salzwasser etwa 10 Min. garen. Dann Karotten und Blumenkohl zugeben und weitere 5 Min. mitgaren. Erbsen in den letzten 2 Min. dazugeben.
- Das Fett im Topf auf höchster Einstellung schmelzen. Mehl darin anschwitzen, schluckweise mit Brühe und Soja Dream auffüllen, kräftig unterrühren und 10 Min. auf kleiner Flamme kochen. Sauce mit Salz, Pfeffer und Muskat würzen.
- Das Gemüse abseihen und in eine Schüssel geben. Petersilie abspülen, trockenschütteln und hacken. Sauce mit gehackter Petersilie mischen und über das Gemüse gießen.

4 Portionen · braucht etwas mehr Zeit

200 g	grüne Bohnen
250 g	Karotten
250 g	Spargel
1 kg	Blumenkohl
	Salz
300 g	TK-Erbsen
2 TL	Margarine (milchfrei)
2 EL	Mehl
3/8 l	Brühe
125 ml	Soja-Sahne (z.B. Soya Cuisine, Soja Dream, Soja Cream)
	weißer Pfeffer
	Muskatnuss, frisch gerieben
1	Bund glatte Petersilie

Helle Grundsauce

Gerade Gemüsesorten wie Lauch, Kohlrabi oder Blumenkohl passen zu der sämigen, aber doch leichten Sauce. Lecker!

- Das Mehl mit etwas kaltem Wasser anrühren. Die restliche Flüssigkeit zum Kochen bringen und das angerührte Mehl einlaufen lassen. Die Sauce unter Rühren kräftig aufkochen lassen und mit Salz, Pfeffer und etwas Suppenwürze abschmecken.

4 Portionen · preisgünstig

1 EL	Mehl oder Speisestärke
1/8 l	Brühe oder Wasser
	Salz | weißer Pfeffer
	Suppenwürze

Tipp

Diese Sauce können Sie mit fein gewürfelten, angebratenen Zwiebeln oder Champignons verfeinern.

Glasiertes Gemüse

Der Honig unterstreicht das süßliche Aroma der Karotten und nimmt den Lauchzwiebeln die Schärfe.

4 Portionen · braucht etwas mehr Zeit

- 2 Bund Frühlingszwiebeln oder
- 500 g zarter Lauch
- 500 g Karotten
- 1 EL Margarine (milchfrei)
- Salz
- weißer Pfeffer
- 6 EL Brühe
- 1 EL Honig

- Die Frühlingszwiebeln putzen und in schräge, etwa 3 cm lange Abschnitte schneiden. Die weißen Zwiebelchen halbieren. Die Karotten schälen und längs in etwa 10 cm lange Stücke schneiden.
- Margarine in einem großen Topf zerlassen, zunächst die weißen Zwiebeln und dann die Karottenstücke anschwitzen. Mit Salz und Pfeffer würzen. Brühe angießen und zugedeckt etwa 5 Min. dünsten.
- Das grüne Lauch zufügen und noch weitere 3 Min. kochen. Anschließend die Flüssigkeit bei offenem Deckel verdampfen lassen. Den Honig zufügen, unter ständigem Rühren glasieren, bis die Karotten und Frühlingszwiebeln von einer Glanzschicht überzogen sind.

Lauchgemüse mit Pinienkernen

Eine herrlich pikante Beziehung, die Lauch, Korinthen, Pinienkerne und Senfkörner miteinander eingehen. Mit etwas Weißbrot eine schnelle Vorspeise.

4 Portionen · gelingt leicht

- 1 mittelgroße Zwiebel
- 3 EL Pinienkerne
- 3 EL Korinthen
- 2 TL Kokosfett
- 600 g Lauch
- 2 Tassen Gemüsebrühe
- 1 TL Senfkörner
- Salz | Pfeffer, frisch gemahlen
- 2 TL Margarine (milchfrei)
- ½ Bund glatte Petersilie

- Die Zwiebel abziehen, würfeln und mit den Pinienkernen und Korinthen im heißen Fett goldgelb anbraten. Den Lauch putzen, abspülen und in feine Ringe schneiden. Mit in den Topf geben. Mit der Gemüsebrühe auffüllen (2 Esslöffel der Brühe aufheben).
- Senfkörner zugeben und 10 Min. dünsten. Mit Salz und Pfeffer abschmecken. Die Margarine mit der restlichen Gemüsebrühe verquirlen und zu dem Gemüse geben. Die Petersilie abspülen, trockenschütteln und hacken. Lauchgemüse vor dem Servieren mit Petersilie bestreuen.

Frankfurter Grüne Sauce

Die Grüne Sauce schmeckt schön erfrischend auch an heißen Tagen zu kaltem Bratenfleisch oder einfach nur zu Kartoffeln.

Die Kräuter abspülen, trockenschütteln, von den Stielen zupfen und fein hacken. Die Zwiebeln abziehen und fein würfeln. Kräuter und Zwiebeln in eine Schüssel geben und mit Soja-Joghurt und Senf vermengen. Mit Salz, Pfeffer, Zitronensaft und Zucker abschmecken.

Passt gut zu: kaltem Bratenfleisch, Fisch und Pellkartoffeln.

Tipp

Die Sauce etwa 2 Stunden vor dem Verzehr zubereiten, damit die Kräuter ihren vollen Geschmack entfalten können.

4 Portionen · gut vorzubereiten

Die Kräutermischung für Grüne Sauce gibt es beim Gemüsehändler meist fertig zu kaufen. Auch tiefgekühlt ist sie in gut sortierten Supermärkten erhältlich. Sonst sollte jeweils reichlich (etwa eine Handvoll) der Kräuter verwendet werden.

Sie benötigen:

	Petersilie, Schnittlauch, Kerbel, Kresse, Pimpinelle, Sauerampfer, Borretsch, Dill, Estragon, Zitronenmelisse
2	kleine Zwiebeln
250 g	Soja-Joghurt (z.B. von Alpro oder Provamel)
2 TL	Senf
	Salz | Pfeffer, frisch gemahlen
	Zitronensaft
	Zucker

Gefüllte Weinblätter mit Joghurtsauce

Die gefüllten Weinblätter lassen sich gut vorbereiten und sind die perfekte Vorspeise für alle, die Sehnsucht nach Griechenland haben.

4 Portionen · braucht etwas mehr Zeit

24	eingelegte Weinblätter
1	kleine Zwiebel
1	rote Chilischote
2 EL	Pinienkerne
2 EL	Olivenöl
100 g	Reis
	Salz
	einige Blättchen Minze
2 TL	abgeriebene Zitronenschale
	Saft von 1 Zitrone
	Pfeffer, frisch gemahlen
2	unbehandelte Zitronen
500 g	Soja-Joghurt (z.B. von Alpro oder Provamel)
	Zucker

- Die Weinblätter abspülen und abtropfen lassen. Die Zwiebel abziehen und fein würfeln. Die Chilischote der Länge nach aufschneiden und die Kerne herausschaben. Die Chilischote in feine Ringe schneiden.

- Pinienkerne grob hacken. Das Öl in einem Topf erhitzen und Zwiebel und Chili darin andünsten. Pinienkerne zufügen und kurz Farbe annehmen lassen. Den Reis und ½ TL Salz in den Topf geben. Je nach Reissorte Wasser hinzufügen – Kochzeit und die Wassermenge variieren je nach Reissorte. Aufkochen lassen und zugedeckt bei schwacher Hitze etwa 20 Min. quellen lassen.

- Minze abspülen, trockenschütteln und in Streifen schneiden. Minze und die Hälfte der Zitronenschale unter den Reis heben. Füllung mit Salz und Pfeffer abschmecken. Je 1 Esslöffel Reis auf die Mitte der Weinblätter geben. Die zwei gegenüberliegenden Blattseiten darüberklappen und die Blätter vom Stielansatz her fest aufrollen.

- Die gefüllten Weinblätter in einen Topf schichten. 1 Zitrone in Scheiben schneiden und über die Weinblätter legen. $^1/_8$ l Wasser angießen und bei schwacher Hitze ca. 30 Min. gar ziehen lassen.

- Soja-Joghurt, restliche Schale und den Zitronensaft verrühren und mit Salz, Pfeffer und Zucker abschmecken. Restliche Zitrone in Scheiben schneiden und die gefüllten Weinblätter damit garnieren. Zusammen mit der Joghurtsauce servieren.

Geschmorte Zwiebeln

Das Zwiebelgemüse ist schön deftig und eignet sich perfekt als improvisierte Beilage zu Fleisch- und Pilzgerichten.

€ 3 Portionen · preisgünstig

- 1 kg Zwiebeln, mittelgroß
- ¼ l Brühe
- 1 TL Zucker
- 1 TL Margarine (milchfrei)
- Salz
- Muskatnuss, frisch gerieben

- Zwiebeln abziehen und in der Brühe, mit Zucker, Margarine, Salz und Muskat zum Kochen bringen. Etwa 20 Min. auf Stufe kleiner Flamme kochen lassen. Anschließend die restliche Flüssigkeit im offenen Topf einkochen, bis die Zwiebeln schön braun sind.

Passt gut zu: kurz gebratenem Fleisch.

Rotkohl

Bereiten Sie am besten gleich die doppelte Portion zu: Rotkohl schmeckt aufgewärmt besonders gut.

€ 4 Portionen · preisgünstig

- 1 kg Rotkohl
- 3 Äpfel (Boskop)
- 1 Zwiebel
- 3 Nelken
- 2 TL Schweineschmalz
- 1 TL Zucker
- ½ TL Salz
- Rotwein
- Essig
- Zimt
- Pfeffer, frisch gemahlen

- Rotkohl abspülen, die äußeren Blätter entfernen, den Strunk herausschneiden und auf einer Gemüsereibe raspeln oder ganz fein schneiden. Äpfel schälen, vierteln und vom Kerngehäuse befreien. Zwiebel abziehen und mit den Nelken spicken. Das Schmalz im Topf zerlaufen lassen.

- Kohl, Äpfel, Zwiebel, Zucker und Salz in den Topf geben und das Wasser angießen. Zum Kochen bringen und auf kleiner Flamme im geschlossenen Topf etwa 45 Min. weich kochen. Die gespickte Zwiebel entfernen. Mit Zucker, Salz, Rotwein, einem Spritzer Essig, Zimt und Pfeffer kräftig abschmecken.

Tipp

Wenn Sie Essig und Wein gleich zu Anfang zum Rotkohl geben, verlängert sich die Garzeit.

Rosenkohl mit Äpfeln

So schmeckt Rosenkohl Kindern garantiert: mit den säuerlichen Äpfeln wird's zum Herbstgemüse.

- Rosenkohl putzen, abspülen, den Strunk kürzen und kreuzweise einkerben. Mit 1 Tasse Salzwasser und 1 Prise Muskat zum Kochen bringen und auf kleiner Flamme kurz garen, sodass er noch deutlich Biss hat. Äpfel schälen, vom Kerngehäuse befreien und in grobe Scheiben schneiden.
- Die Äpfel mit dem Zitronensaft beträufeln. Die Margarine in einem Topf schmelzen und die Äpfel darin andünsten. Rosenkohl abgießen, zu den Äpfeln geben, mit Pfeffer und Salz würzen und etwa 5 Min. ganz langsam köcheln lassen.

Passt gut zu: Rinderbraten.

4 Portionen · preisgünstig

1 kg	Rosenkohl
	Salz
	Muskatnuss, frisch gerieben
500 g	Äpfel
	Saft von 1 Zitrone
2 EL	Margarine (milchfrei)
	Pfeffer, frisch gemahlen

Tipp

Sie müssen nicht unbedingt zu frischem Rosenkohl greifen. Im Supermarkt finden Sie sehr guten tiefgekühlten Rosenkohl. TK-Rosenkohl wird unaufgetaut ins kochende Salzwasser gegeben.

Süß-sauer eingelegter Kürbis

Legen Sie am besten gleich zwei Kürbisse ein – er lässt sich im hübschen Glas prima verschenken.

- Kürbis schälen, entkernen und in 1 cm große Würfel schneiden. Kürbis zusammen mit allen Zutaten in einen Topf geben und auf hoher Flamme zum Kochen bringen. Sobald es beginnt zu kochen, die Temperatur zurückschalten und so lange köcheln lassen, bis die Kürbisstücke glasig sind.
- Den Kürbis samt Lorbeerblatt und Nelke heiß in saubere Gläser füllen und verkehrt herum auf den Deckel stellen. Im Kühlschrank ist der eingelegte Kürbis 1 bis 2 Monate haltbar.

Passt gut zu: gekochtem Fleisch, Curries, Bratkartoffeln oder Fleischfondues.

4 Portionen · gut vorzubereiten

1 kg	Kürbis
100 ml	Weißweinessig
100 g	Honig
100 g	Rosinen
1 TL	Ingwer, gemahlen
½ TL	Chili, gemahlen
1	Lorbeerblatt
1	Nelke
	Salz

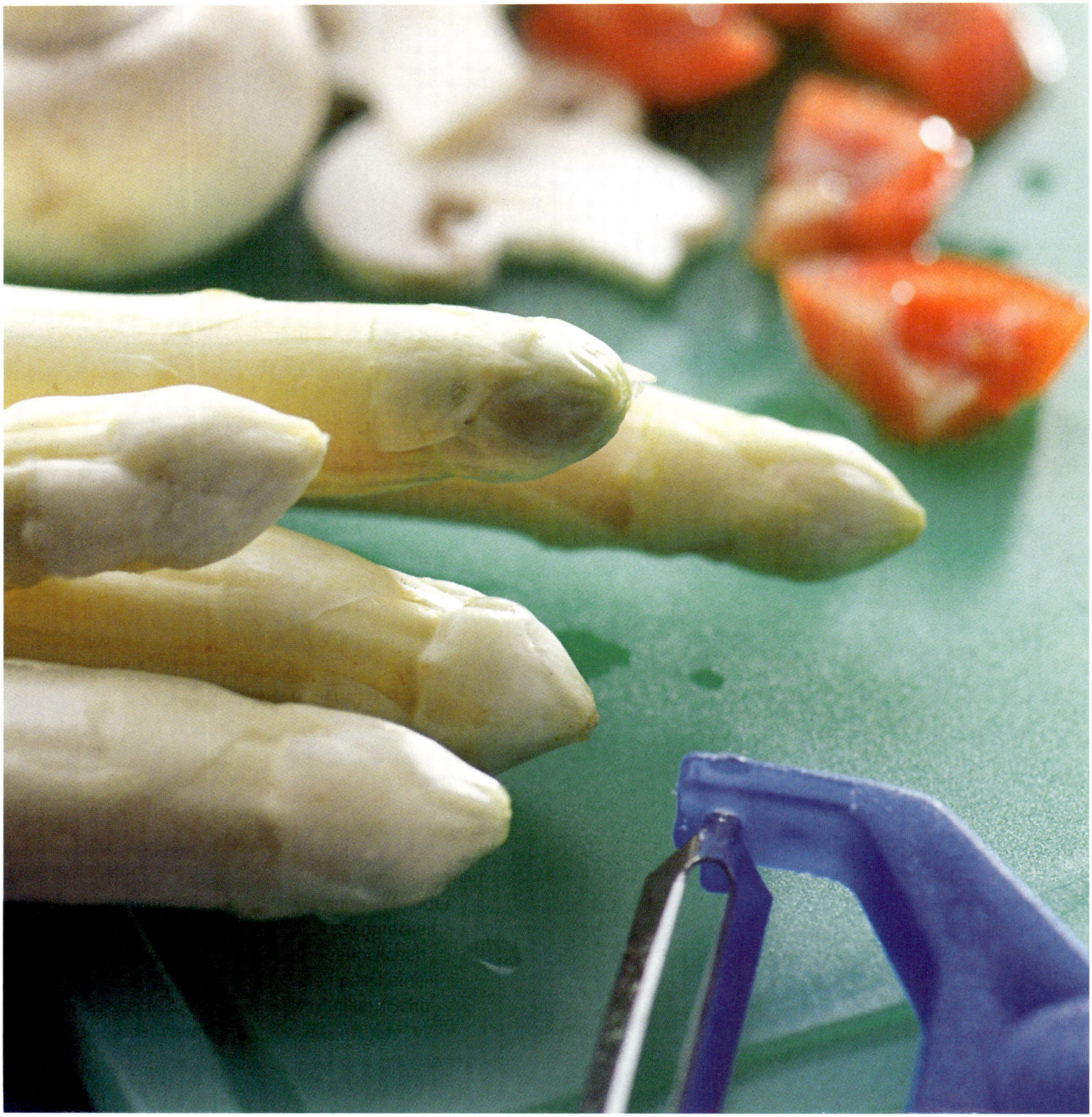

Spargel in Pergamentpapier

Ein schönes Spargelpäckchen, was Ihre Gäste da auf ihrem Teller finden und dazu ganz unkompliziert in der Zubereitung.

- Den Spargel putzen, schälen und auf ein Stück Pergamentpapier (DIN A4) legen. Die Margarine in Flöckchen darauf verteilen und mit etwas Salz bestreuen. Zu einem luftigen Päckchen packen.
- Im 220 Grad (Umluft 200 Grad) heißen Backofen 25 Min. garen. Zum Servieren das Päckchen aufklappen und mit den gehackten Kräutern bestreuen.

Tipp

Der Spargel ist toll als kleine Frühlings-Vorspeise zusammen mit einem Glas Sekt oder Weißwein.

1 Portion · gut vorzubereiten

5	Stangen weißen Spargel
	Pergamentpapier
2 EL	Margarine (milchfrei)
	Salz
1 EL	gehackter Kerbel oder glatte Petersilie

Vegetarische Kohlrouladen

Außen Kohl, innen körnig. Eine einfache, aber schmackhafte Mahlzeit mit herzhaftem Pilzaroma.

- Den Weißkohl abspülen, von den äußeren Blättern befreien, rund um den Strunk einschneiden und in kochendes Salzwasser geben. Die Blätter nacheinander ablösen und deren dicke Rippen flach schneiden.
- Den Reis in der Pilzbrühe aufkochen und etwa 20 Min. garen. Die Zwiebel abziehen und fein hacken, in Öl anbraten und zum fertigen Reis geben. Die Kräuter unterrühren und mit Kräutersalz, Pfeffer, Paprika und Kümmel würzen.
- Die Kohlblätter leicht salzen, die Reisfüllung darauf verteilen, einrollen und eng aneinander in einen Topf geben. Die Gemüsebrühe mit dem Tomatenmark verrühren, und etwa 1 cm hoch in den Topf gießen. 15 bis 20 Min. gar dünsten.

4 Portionen · gut vorzubereiten

1	Weißkohl
300 g	Naturreis
600 ml	Pilzbrühe
1	Zwiebel
	Öl, Salz
⅛ l	Gemüsebrühe
1 EL	Tomatenmark
3 EL	gehackte Kräuter
	Kräutersalz | Pfeffer, frisch gemahlen
	Rosenpaprika
	Kümmel, gemahlen

▲ Linsen-Kokos-Curry

Linsen-Kokos-Curry

Simples Rezept, aber echt raffiniert: Linsen lieben Curry und Kokosnuss. Karotten und Zucchini machen das Mittagessen schön bunt.

- Zwiebeln und Knoblauch abziehen. Zwiebeln in dünne Streifen schneiden. Knoblauch fein hacken. Beides in 2 EL Margarine glasig dünsten. Linsen und Curry unterrühren und leicht anschwitzen. Mit Brühe auffüllen und zugedeckt 45 Min. garen. Mit Salz und Pfeffer abschmecken.

- Inzwischen die Kokosnuss fein reiben. Karotten schälen, Zucchini abspülen und putzen. Beides in Scheiben schneiden. Karotten in 1 EL Margarine zugedeckt 5 Min. dünsten. Dann für weitere 5 Min. die Zucchini dazugeben. Mit Salz und Ahornsirup abschmecken. Soja-Sahne unterrühren. Gemüsemischung auf die angerichteten Linsen häufen und mit der geriebenen Kokosnuss servieren.

Tipp

Wenn Sie anstatt der grünen rote oder gelbe Linsen verwenden möchten, verkürzt sich die Kochzeit auf etwa 7 bis 10 Min.

4 Portionen · braucht etwas mehr Zeit

2–3	Zwiebeln
2	Knoblauchzehen
3 EL	Margarine (milchfrei)
300 g	grüne Linsen
1–2 EL	Curry
¾ l	Gemüsebrühe
	Salz | Pfeffer, frisch gemahlen
100 g	frische Kokosnuss oder Kokosraspel (getrocknet)
200 g	Karotten
200 g	Zucchini
1 EL	Ahornsirup
50–100	ml Soja-Sahne (z.B. Soya Cuisine, Soja Dream, Soja Cream)

Sauerkraut

Sauerkraut ist nicht nur gesund, sondern schmeckt mit Weißwein zubereitet sehr fein.

- Speck klein würfeln und in etwas Öl auslassen. Zwiebeln abziehen, fein würfeln, zum Speck dazugeben und anschwitzen. Sauerkraut im Sieb abspülen und tropfnass hinzufügen.

- Die Nelken dazugeben und alles bei mittlerer Hitze köcheln lassen. Den Wein hinzufügen und auf kleinster Stufe etwa 1 Stunde köcheln lassen. Mit Salz und Pfeffer abschmecken.

Tipp

Kochen Sie einen geschälten und entkernten säuerlichen Apfel mit. Und bereiten Sie ruhig mehr zu – aufgewärmt schmeckt's doppelt lecker.

4 Portionen · gut vorzubereiten

1	Scheibe durchwachsener Speck
1 EL	Öl
2	große Zwiebeln
800 g	Sauerkraut
3	Nelken
¼ l	trockener Weißwein
	Salz | Pfeffer, frisch gemahlen

Bandnudeln mit Champignons

Ihre Gäste werden es kaum glauben können, dass die cremige Pilz-Weißwein-Sauce keine herkömmliche Sahne enthält.

4 Portionen · gelingt leicht

2	Zwiebeln
1	Knoblauchzehe
300 g	Champignons
2 TL	Margarine (milchfrei)
400 g	Bandnudeln (eifrei)
	Salz
1 EL	Mehl
100 ml	Weißwein
100 ml	Soja-Sahne (z.B. Soya Cuisine, Soja Dream, Soja Cream)
¼ l	Gemüsebrühe
	weißer Pfeffer
½	Bund Petersilie

- Die Zwiebeln abziehen und in Ringe schneiden. Die Knoblauchzehe abziehen und zerdrücken. Champignons mit einem feuchten Tuch abreiben, putzen und in Scheiben schneiden. Margarine erhitzen und die Zwiebelringe darin andünsten. Champignons und Knoblauch dazugeben.

- Bandnudeln in reichlich Salzwasser al dente kochen. Nach 2 bis 3 Min. das Mehl zu den Champignons geben, leicht anschwitzen und mit Weißwein, Soja-Sahne und Gemüsebrühe ablöschen. Salzen und pfeffern. 8 bis 10 Min. zugedeckt köcheln lassen.

- Petersilie abspülen, trockenschütteln und hacken. Die Nudeln abgießen, mit der Champignonsauce vermengen und mit der gehackten Petersilie bestreuen.

SO WIRD'S GEMACHT

Die hohe Kunst des Nudelkochens

Öl ins Wasser oder lieber nicht? Abschrecken: ja oder nein? Wenn es um Pasta geht, scheiden sich die Geister.

- Wasser: Pro 100 g Nudeln brauchen Sie 1 Liter Wasser. Bei weniger Wasser kann sich die Stärke nicht lösen – die Pasta wird pappig.
- Salz: 10 g Salz (1 TL) für 100 g Nudeln. Das Wasser erst salzen, wenn es kocht, denn Salz verzögert den Siedepunkt – es dauert also unnötig lange.
- Öl: Die Nudeln im kochenden Wasser gründlich umrühren. Kein Öl zufügen – dies macht sie rutschig, das bedeutet, dass die Sauce schlecht an ihnen haftet.
- Garzeit: Je nach Größe und Dicke der Nudeln variiert die Garzeit. Wichtig: Sie gilt nicht ab dem Moment, wenn die Nudeln im Wasser sind, sondern erst dann, wenn das Wasser wieder kocht.
- Servieren: Nudeln nicht abtropfen lassen – sie werden sonst trocken und kleben zusammen. Besser: Schnell in ein Sieb schütten und mit dem anhaftenden Wasser zur Sauce geben. Alles gut vermischen und dampfend heiß in einer möglichst vorgewärmten Schüssel servieren.

Bandnudeln mit Krabben

4 Portionen · geht schnell

200 g	grüne Bandnudeln (eifrei)	200 g	Krabben, küchenfertig
	Salz		weißer Pfeffer
800 g	Champignons	1	Bund Schnittlauch
	Saft von 2 Zitronen		

- Nudeln in reichlich Salzwasser al dente kochen. Champignons mit einem feuchten Tuch abreiben, putzen und die Stiele entfernen. Je nach Größe vierteln oder in Scheiben schneiden.

- Die Pilze mit dem Zitronensaft beträufeln. Ohne Fett in einer beschichteten Pfanne ca. 3 Min dünsten. Krabben zufügen und 2 Min. mitgaren. Mit Salz und Pfeffer würzen.

- Nudeln abgießen und zu den Pilzen und Krabben in die Pfanne geben. Kurz schwenken. Schnittlauch abbrausen, trockenschütteln und in feine Röllchen schneiden. Bandnudeln vor dem Servieren mit Schnittlauchröllchen bestreuen.

SO WIRD'S GEMACHT

Das Geheimnis italienischer Saucen

Italienische Saucen schmecken unvergleichlich aromatisch und herzhaft – Soffritto heißt das Geheimnis. Für diese Gemüsemischung werden 1 Teil Sellerie und 2 Teile Karotten und Zwiebeln sehr fein gewürfelt und im heißen Olivenöl hellbraun geröstet. Nach Belieben können Sie Rosmarin, Thymian oder Lorbeer hinzufügen oder wenn's richtig deftig werden soll auch Pancetta, ein luftgetrockneter, gerollter Bauchspeck. Soffritto darf in keiner Sauce Bolognese fehlen, es eignet sich aber auch für Linsen- oder Bohnengerichte.

Spätzle

4 Portionen · braucht etwas mehr Zeit

3 ½ TL	Salz	2 ML	Bindobin (aus dem Reformhaus)
400 g	Mehl		

- 3 Liter Wasser mit 3 Teelöffeln Salz zum Kochen bringen. Mehl in eine Schüssel geben und in der Mitte eine Mulde drücken. Bindobin und 160 ml Wasser gut verrühren und in die Mulde gießen. ½ Teelöffel Salz draufstreuen, ½ Tasse Wasser hinzugeben und die Zutaten von der Mitte aus zu einem Teig verarbeiten.

- Den Teig mit einem Rührlöffel schlagen, bis er Blasen wirft. Der Teig soll weich, jedoch nicht flüssig sein. Den Teig portionsweise durch eine Spätzlepresse drücken oder mit einem Spätzlehobel in das kochende Salzwasser befördern.

- Umrühren und einmal aufkochen lassen. Die Spätzle sinken zuerst auf den Boden. Wenn sie gar sind, schwimmen sie an der Oberfläche. Mit einem Schaumlöffel aus dem Wasser nehmen, kurz in kaltem Wasser abschrecken und abtropfen lassen.

Passt gut zu: Fleisch oder zu Putenschnitzeln mit Zwiebelsauce (siehe Seite 55).

Tipp

Die Spätzle schmecken gut mit in der Pfanne angebratenen Zwiebeln oder mit brauner Butter: Dazu werden 1 bis 2 Esslöffel Semmelbrösel mit 1 Esslöffel Margarine in der Pfanne angeröstet und brutzelnd über die Spätzle gegeben.

Sauce Bolognese

4 Portionen · braucht etwas mehr Zeit

2	Zwiebel	300 ml	Rotwein
2	Karotten	1	Dose Tomaten
1	Stangen Staudensellerie	1	Lorbeerblatt
3 EL	Olivenöl	2	Nelken
2–3	Knoblauchzehen		Salz
400 g	Rinderhackfleisch		Pfeffer, frisch gemahlen
100 g	Pancetta (italienischer Bauchspeck) oder Schinkenwürfel		Zucker
		1	Bund Oregano

- Zwiebel abziehen und in kleine Würfel schneiden. Karotten und Staudensellerie putzen, abspülen und sehr fein würfeln. Zwiebel-, Karotten- und Selleriewürfel in 2 Esslöffel heißem Olivenöl hellbraun anrösten. Knoblauch abziehen, würfeln und hinzufügen.

- In einer schweren Eisenpfanne das restliche Olivenöl erhitzen und das Hackfleisch krümelig anbraten. Pancetta würfeln und hinzufügen. Wenn sich eine dünne Schicht am Boden abgesetzt hat, mit 200 ml Rotwein ablöschen und einkochen, bis die Flüssigkeit verdampft ist.

- Die Tomaten samt ihrer Flüssigkeit zum Hackfleisch geben und auch das Röstgemüse unterrühren. Lorbeerblatt, Nelken hinzufügen und etwa 100 ml Wasser hinzufügen. Mindestens 45 Min. kochen lassen und ab und zu mit dem restlichen Wein aufgießen.

- Mit Salz, Pfeffer und 1 kräftigen Prise Zucker würzen. Oregano abspülen, trockenschütteln und die Blättchen von den Stielen zupfen. Kurz vor dem Servieren unter die Sauce rühren. Nelken und Lorbeerblatt aus der Sauce entfernen.

Tomaten-Sugo

4 Portionen · geht schnell

1	Knoblauchzehe	Salz | Pfeffer, frisch gemahlen
2½ EL	Olivenöl	Zucker
750 g	Kirschtomaten	Bund Basilikum

- Knoblauchzehe abziehen. Olivenöl in einem Topf erhitzen. Knoblauchzehe hineingeben und dünsten, bis sie „blond" ist. Die Tomaten abspülen und halbieren.

- Tomaten in das heiße Öl geben und 5 Min. unter Rühren dünsten. Mit Salz, Pfeffer und Zucker abschmecken. Das Basilikum abspülen, trockenschütteln und fein schneiden. Basilikum abspülen, trockenschütteln und unter die Sauce rühren.

Tipp

Fügen Sie der Tomatensauce nach Belieben 2 Esslöffel angeröstete Pinienkerne, eine entkernte Chilischote oder ein paar in Öl eingelegte Sardellen hinzu.

Tipp

Wenn's mal schnell gehen soll, eignet sich auch Maggi-Fix für „Sauce Bolognese" gut. Einfach nach Packungsanleitung zubereiten und gerettet ist das Mittagessen.

Lasagne mit Hackfleisch

Die herzhafte Lasagne genießen Sie am besten zu einem schönen Glas Rotwein.

4 Portionen · braucht etwas mehr Zeit

2	Zwiebeln
2 EL	Olivenöl
800 g	Rinderhackfleisch
	Salz | Pfeffer, frisch gemahlen
1	Bund Petersilie
150 g	Tomatenmark
800 g	passierte Tomaten
	Zucker
300 g	Nudel-Lasagneplatten ohne Ei (z.B. von Buitoni)
150 g	Schafskäse (falls er vertragen wird) oder Soja-Sahne (z.B. Soya Cuisine, Soja Dream, Soja Cream)

- Die Zwiebeln abziehen und fein würfeln. In einer Pfanne das Öl erhitzen und die Zwiebeln darin andünsten. Das Hackfleisch dazugeben, mit Salz und Pfeffer würzen und bei mittlerer Hitze etwa 15 Min. anbraten.
- Die Petersilie abspülen, trockenschütteln und fein hacken. Das Tomatenmark zum Hackfleisch geben und unterrühren. Mit den passierten Tomaten auffüllen. Mit Zucker abschmecken und die Petersilie dazugeben.
- Eine feuerfeste Form mit etwas Olivenöl einfetten. Von der Hackfleischsauce soviel in die Form füllen, dass der Boden etwa 2 cm bedeckt ist. Eine Lage Lasagneblätter daraufschichten und mit der Sauce bedecken. So lange fortfahren, bis die Sauce aufgebraucht ist (mit einer Schicht Sauce abschließen).
- Die Lasagne ggf. mit Käse bestreuen oder mit Soja-Sahne beträufeln. Im 225 Grad (Umluft 200 Grad) heißen Backofen auf der mittleren Schiene bei 180 Grad (Umluft 160 Grad) etwa 45 Min. backen.

Schnelle Lasagne

Wenig Zeit oder Lust zu kochen? Kein Problem, die schnelle Variante ist fix zubereitet.

4 Portionen · gut vorzubereiten

300 g	Hackfleisch
1 TL	Margarine (milchfrei)
1	Beutel Maggi-Fix „Lasagne“
1	Paket Nudel-Lasagneplatten ohne Ei (z.B. von Buitoni)
250 ml	Soja-Sahne (z.B. Soya Cuisine, Soja Dream, Soja Cream)

- Hackfleisch in einer Pfanne im heißen Fett anbraten. Maggi-Fix gemäß Anleitung hinzugeben. In einer Auflaufform die Nudelplatten und die Sauce immer abwechselnd übereinander schichten (mit einer Schicht Sauce abschließen).
- Über die letzte Schicht die Soja-Sahne geben und im 180 Grad (Umluft 160 Grad) heißen Backofen auf der mittleren Schiene etwa 45 Min. backen.

▲ Lasagne mit Hackfleisch

Bauernrisotto

Alles aus einem Topf – aber mit viel Aroma, so muss ein Risotto schmecken.

- Zwiebel abziehen und fein würfeln. Karotten und Sellerie abspülen und schälen. Lauch und Zucchini putzen und abspülen. Das Gemüse in feine Würfel schneiden. 1 Esslöffel Margarine in einem Topf erhitzen und das Gemüse darin andünsten. Sojawürstchen in Scheiben schneiden und dazugeben. Kurz anrösten.

- Den Reis in 1 Esslöffel Margarine glasig dünsten, Weißwein, Zitronensaft und Worcester-Sauce angießen und unter Rühren 5 Min. köcheln. Die Gemüsebrühe zum Kochen bringen. Nach und nach Gemüsebrühe hinzufügen und bei offenem Deckel, mittlerer Hitze und ständigem Rühren kochen lassen. Wird es zu trocken, weitere Brühe dazugeben, bis eine cremige Konsistenz erreicht ist, der Reis aber noch Biss hat.

- Gemüse mit der Wurst unter das Risotto rühren und mit Salz und Pfeffer abschmecken. Tomaten heiß überbrühen, enthäuten, entkernen und in Würfel schneiden. Zusammen mit der Soja-Sahne unter das Risotto ziehen. Schnittlauch abspülen, trockenschütteln und in Röllchen schneiden. Vor dem Servieren über das Risotto streuen.

4 Portionen · braucht etwas mehr Zeit

1	Zwiebel
2	Karotten
1	Stück Sellerie
1	kleine Stange Lauch
1	Zucchini
2 EL	Pflanzenmargarine
1 cl	Weißwein
	Saft von 1 Zitrone
	einige Spritzer Worcester-Sauce
8	Sojawürstchen
250 g	Risottoreis (z.B. Arborio)
1 l	Gemüsebrühe
	Salz
	Pfeffer, frisch gemahlen
4	Tomaten
1 EL	Soja-Sahne (z.B. Soya Cuisine, Soja Dream, Soja Cream)
1	Bund Schnittlauch

MEHR WISSEN

Kleine Warenkunde: Risottoreis

Etwa 8000 verschiedene Sorten Reis gibt es, aber für Risotto eignen sich nur einige wenige. Sie zeichnen sich durch ihr starkes Aroma aus und behalten ihren Biss. Herkömmliche Sorten und auch Naturreis eignen sich nicht für ein Risotto. Zu den bekanntesten Risottoreissorten zählen Arborio, Carnaroli und Vialone Nano. Sie werden in die Kategorien Semifino und Superfino eingeteilt. Dies bezieht sich auf die Länge des Korns. Die Sorte Vialone Nano ist Semifino mit einer Kornlänge im mittleren Bereich. Zur Kategorie Superfino zählen Arborio und Carnaroli mit den größten Körner.

▲ Roter Reis mit Putenstreifen

Kokosreis mit roten Bohnen

Klingt verrückt, die Kombination von Reis, Kokos und Bohnen – schmeckt aber super.

- Reis in einem Sieb kalt abspülen und abtropfen lassen. Bacon fein würfeln. Knoblauch abziehen und pressen. Chilischoten längs aufschlitzen, entkernen und fein hacken. Kokosfleisch in möglichst lange, dünne Späne schneiden und in einer Pfanne ohne Fett goldbraun rösten und beiseite stellen.

- Das Öl erhitzen und Bacon, Knoblauch und Chili darin bei mittlerer Hitze 8 bis 10 Min. anschwitzen. Kokosnussmilch und 200 ml Wasser zum Kochen bringen. Reis einrühren, die Temperatur zurückschalten und den Reis zugedeckt darin ausquellen lassen.

- Bohnen abspülen und zusammen mit dem Bacon und den klein geschnittenen und abgetropften Tomaten unter den Reis heben. Mit Salz und Pfeffer abschmecken, Gemüse heiß werden lassen und vor dem Servieren mit Kokosspänen bestreuen.

4 Portionen · gelingt leicht

225 g	Basmatireis
150 g	Bacon oder Schinkenspeck
3	Knoblauchzehen
2–3	frische Chilischoten
100 g	frische Kokosnuss
2 EL	Öl
400 ml	Kokosnussmilch
2	Dosen Kidneybohnen
1	Dose Tomaten (400 g)
	Salz | Pfeffer, frisch gemahlen

Roter Reis mit Putenstreifen

Hier freuen sich echte Kerle: zartes Putenfleisch in einem scharfen Reisgericht.

- Fleisch in schmale Streifen schneiden und in 1 Esslöffel Öl scharf anbraten. Beiseite stellen. Das restliche Öl erhitzen und den Reis kurz anschwitzen. Paprika hinzugeben und mit der Gemüsebrühe auffüllen. Bei milder Hitze ca. 20 Min. ausquellen lassen (ggf. etwas Wasser hinzufügen).

- Paprika und Tomaten abspülen, entkernen und fein würfeln. In den letzten 5 Min. unter den Reis rühren und kurz mitgaren. Am Ende der Garzeit das Fleisch unter den Reis heben, erhitzen und das Gericht mit Salz, Pfeffer und Chili abschmecken.

2–3 Portionen · geht schnell

300 g	Putenschnitzel
2 EL	Öl
150 g	Reis, parboiled
1	Paprikaschote
2	Tomaten
1 TL	Paprika, edelsüß
300 ml	Gemüsebrühe
	Salz | Pfeffer, frisch gemahlen
	Chili, gemahlen

Reis perfekt kochen

Reis zu kochen gilt zu Unrecht als kompliziert. Das Einzige, was Sie zu beachten haben, ist das richtige Verhältnis von Reis zu Flüssigkeit.

Todsicher

Der Reis gelingt garantiert, die Inhaltsstoffe werden aber mit dem Kochwasser weggeschüttet. Reis in reichlich kochendes Wasser geben und zugedeckt 15 bis 20 Min. köcheln lassen. Nach der Kochzeit das Wasser abgießen.
Für 250 g braucht man etwa 1 ½ Liter Wasser.

Schonend

Beim Quellreis bleiben Vitamine und Mineralstoffe erhalten, weil der Reis alle Flüssigkeit (Wasser oder Brühe) aufnimmt. Für 1 Tasse braucht man 2 Tassen Wasser. Kurz aufkochen lassen, Herdplatte runterschalten und den Deckel nicht vergessen.

Im Backofen

Mit der Backofen-Methode lassen sich besonders gut Duft- und Basmatireis kochen, also Reissorten, die schnell verkleben und empfindlich reagieren. Geben Sie den Reis in einen Topf und füllen Sie genauso viel Wasser hinzu. Bitte nicht rühren (weil sich sonst die Stärke löst und der Reis pappig wird) und bitte kein Salz hinzufügen. Nun einmal aufkochen, Deckel drauf und ab im 130 Grad (Umluft 120 Grad) heißen Backofen. Nach 7 bis 10 Min. ist der Reis luftig, körnig und wunderbar locker.

Die Risotto-Methode

Für ein Risotto ist die Reissorte ausschlaggebend. Sie benötigen Rundkornreis – für ein feines italienisches Risotto am besten Arborio oder Carnaroli. Der Reis wird in etwas Olivenöl angedünstet, bis er glasig ist. Unter Rühren schlückchenweise die kochende Brühe angießen – immer dann, wenn alle Flüssigkeit aufgesogen ist. Und nur so lange, bis das Risotto cremig ist, der Reis aber noch Biss hat.

Auf den Punkt gegarter Reis ist nicht weich, sondern hat Biss. Die Konsistenz von Risotto ist sämig, gekochter Reis hingegen trocken und luftig.

Kochzeiten für verschiedene Reissorten (es handelt sich hier lediglich um Richtwerte – bitte probieren Sie während des Kochens, ob der Reis noch Biss hat)

weißer Langkornreis	15 bis 20 Minuten
Risottoreis	20 bis 25 Minuten
Milchreis	40 Minuten
Naturreis	35 bis 45 Minuten
Wildreis	35 bis 45 Minuten

Couscous Grundrezept

Der im aromatischen Dampf gegarte Couscous ist ein Traum, am besten garen Sie auf zwei Etagen – unten Fleisch oder Fisch und oben den Couscous.

- Den Couscousgrieß in eine flache Form geben und salzen. Mit 300 ml lauwarmem Wasser übergießen und 5 bis 10 Min. quellen lassen. In ein Sieb geben und im geschlossenen Topf im Dampf der Fleisch-, Fisch- oder Gemüsebrühe etwa 10 bis 15 Min. garen.

4 Portonen · gelingt leicht

300 g	Couscous
	Salz
	Gemüse-, Fleisch- oder Fischbrühe

MEHR WISSEN

Kleine Warenkunde: Couscous

Couscous ist eine Spezialität aus Hirse oder Weizen, die aus den afrikanischen und asiatischen Ländern rund um das Mittelmeer stammt. Die Getreidekörner werden zu einem Grieß verarbeitet, der entweder süß zubereitet wird oder im Dampf einer Gemüse-, Fleisch- oder Fischsauce gegart wird.

Gnocchi mit Tomatensauce

Selbst gemachte Gnocchi verdienen auch eine aromatische Sauce – am besten aus frischen Tomaten.

4 Portionen · braucht etwas mehr Zeit

1 kg	Kartoffeln, mehlig kochend
	Salz
250 g	Mehl
750 g	reife Tomaten (evtl. auch aus der Dose)
1	Zwiebel
1 EL	Margarine (milchfrei)
	Salz | Pfeffer, frisch gemahlen

- Kartoffeln abspülen und in Salzwasser weich kochen. Pellen und noch heiß durch eine Kartoffelpresse auf die leicht bemehlte Arbeitsplatte drücken. Leicht salzen und löffelweise nur soviel Mehl unterkneten, bis ein glatter Teig entstanden ist. Der Teig soll nicht mehr an den Fingern kleben.

- Zum Formen der Gnocchi eigroße Portionen vom Teig abnehmen und jeweils auf bemehlter Fläche zu fingerdicken Röllchen drehen. 2 bis 3 cm lange Stücke abschneiden. Jedes Teigstück mit Daumen und Zeigefinger gegen eine Gabel drücken.

- Gnocchi portionsweise in 2 Liter kochendes Salzwasser geben. Bei geringer Temperatur etwa 4 Min. gar ziehen lassen, dabei ab und zu vorsichtig umrühren. Sobald die Gnocchi oben schwimmen, mit einem Schaumlöffel aus dem Wasser nehmen und abtropfen lassen.

- Tomaten heiß überbrühen, enthäuten, entkernen und fein hacken. Die Zwiebel abziehen und fein würfeln. Beides in 1 Esslöffel zerlassener Margarine andünsten. Mit Salz und Pfeffer abschmecken. Die Gnocchi an der Tomatensauce anrichten.

Variation mit Salbei:
20 frische Salbeiblättchen, 1 EL Margarine (milchfrei)

- Salbeiblättchen in 1 Esslöffel heißer Margarine zart anbraten und dann die Gnocchi darin schwenken.

Gebackene Kartoffeln

Außen schön kross, passen die gebackenen Kartoffeln prima zu Kurzgebratenem und zu Grillfleisch.

4 Portionen · preisgünstig

6	große Kartoffeln (etwa 750 g)
	Salz
4 EL	Olivenöl
	Pfeffer, frisch gemahlen
	Kümmel

- Kartoffeln abspülen und in der Schale 20 Min. in Salzwasser kochen. Den Backofen auf 220 Grad (Umluft 200 Grad) vorheizen. Kartoffeln pellen und längs vierteln. Auf ein mit Öl bestrichenes Blech legen, mit Öl einpinseln, salzen, pfeffern, mit Kümmel bestreuen und 10 bis 12 Min. auf der zweiten Einschubleiste von unten backen, dabei die letzten 2 bis 3 Min. den Grill anschalten.

Kartoffel-Paprika-Pfanne

Ein kunterbuntes Pfannengericht, das superschnell auf dem Tisch steht und womit man Kindern eine echte Freude bereitet.

2–3 Portionen · gelingt leicht

300 g	Kartoffeln
2	rote Paprikaschoten
2	grüne Paprikaschoten
2 EL	Olivenöl
	Salz
	Pfeffer, frisch gemahlen
2	Bund Dill

- Kartoffeln schälen und in sehr dünne Scheiben schneiden. Paprikaschoten halbieren, abspülen und entkernen. In ½ cm dicke Streifen schneiden. Kartoffeln ins heiße Olivenöl geben, salzen und 15 bis 20 Min. bei niedriger Hitze gar braten.

- 10 Min. vor Ende der Garzeit die Paprikastreifen dazugeben. Mit Salz und Pfeffer abschmecken. Dill abspülen, trockenschütteln und fein hacken. Dill vor dem Servieren untermischen.

MEHR WISSEN

Ist Ihr Typ dabei?

Für Kartoffelpüree benötigen Sie eine andere Sorte als für Kartoffelsalat. Im Handel haben sich im letzten Jahrzehnt die fest kochenden Typen durchgesetzt, mittlerweile aber gibt es immer häufiger auch mehlig kochende Typen, im Bioladen oder beim gut sortierten Gemüsehändler gerne auch als „Püreekartoffeln“ ausgewiesen.

- fest kochend: z.B. Cilena und Hansa. Ideal für Kartoffelsalat und Puffer
- vorwiegend fest kochend: z.B. Christa und Clivia. Ideal für Pommes frites, aber auch für Suppen
- mehlig kochend: z.B. Datura. Ideal für Klöße, Kroketten und Püree

Einfache Rösti

Kartoffeln sind langweilig? Einmal von den knusprig-feinen Rösti probiert und nichts anderes kommt mehr in die Pfanne.

- Die Kartoffeln abspülen und in stark salzhaltigem Wasser in der Schale gar kochen. Abgießen, abschrecken und pellen. In einer Schüssel zugedeckt mindestens über Nacht, besser aber 2 bis 3 Tage stehen lassen. Dann auf einer Reibe grob raspeln.

- Die Margarine in einer schweren Pfanne erhitzen. Die Kartoffeln dazugeben, salzen und mit dem Fett mischen, dann mit einem Pfannenwender zu einem festen Kuchen zusammendrücken. So lange braten, bis die Unterseite braun und knusprig ist.

- Wie einen Pfannkuchen mithilfe eines Topfdeckels bzw. großen Tellers wenden und die zweite Seite ebenfalls goldbraun braten. Auf einem großen, vorgewärmten Teller anrichten.

4 Portionen · braucht etwas mehr Zeit

750 g Kartoffeln, fest kochend
Salz
Margarine zum Braten

Berner Rösti

Klassisch passen die krossen Berner Rösti zu Kalbsgeschnetzeltem oder zu Braten mit einer schönen Sauce – einfach lecker!

- Die Kartoffeln abspülen und in mit Kümmel gewürztem Salzwasser in der Schale gar kochen. Abgießen, kalt abschrecken und pellen. Über Nacht zugedeckt stehen lassen. Am nächsten Tag auf einer Reibe grob raspeln.

- Den Speck fein würfeln und in einer Pfanne auslassen. Die Kartoffelraspel dazugeben, salzen und mit einem Pfannenwender so lange wenden, bis das Fett fast ganz von den Kartoffeln aufgenommen wurde. Die Masse zu einem Kuchen zusammendrücken und so lange braten, bis die Unterseite goldbraun ist.

- Mit der Milch beträufeln und die Rösti mithilfe eines Topfdeckels wenden. Dann weiterbraten, bis auch die andere Seite goldbraun ist. Auf einem vorgewärmten Teller heiß servieren.

Passt gut zu: allen kurzgebratenen Fleischgerichten, aber auch zu Wildbraten oder Wildgeflügel. Ganz besonders gut schmecken Berner Rösti zu Putenschnitzel in Zwiebelsauce (Seite 55).

Tipp

Es geht natürlich auch viel schneller: Von zahlreichen Firmen gibt es inzwischen Rösti auch fertig in Beuteln zu kaufen. Einfach aufschneiden, rein in die Pfanne, mehrmals wenden und fertig ist die krosse Beilage.

4 Portionen · braucht etwas mehr Zeit

750 g	Kartoffeln, fest kochend
1 TL	Kümmel
	Salz
100 g	fetter Speck
2 EL	Soja-, Reis- oder Hafermilch

▲ Badische Schupfnudeln

Badische Schupfnudeln

Schupfnudeln zu rollen macht Spaß – besonders zusammen mit Kindern. Und meist hat man dafür ohnehin alles im Haus.

- Die Kartoffeln abspülen und in der Schale in 25 bis 30 Min. weich kochen Kartoffeln abgießen, abschrecken und pellen. Kartoffeln auf eine dünn bemehlte Arbeitsfläche legen und mit dem Nudelholz zerdrücken und zusammenschieben.
- Petersilie abspülen, trockenschütteln und hacken. Zusammen mit den Kartoffeln, dem Mehl, Bindobin, dem Salz und der geriebenen Muskatnuss zu einem glatten Teig kneten. Aus dem Teig fingerdicke Rollen formen und diese in etwa 5 cm lange Stücke schneiden.
- Die Stücke zwischen den Händen zu an den Enden spitz zulaufenden Schupfnudeln rollen. 15 Min. ruhen lassen. Die Margarine in einer großen Pfanne erhitzen und die Schupfnudeln darin rundherum braun braten.

Passt gut zu: Schweinebraten oder Lammrücken, zu deftigen Kohlgerichten aller Art und zu Sauerkraut.

€ 4 Portionen · preisgünstig

750 g	Kartoffeln, mehlig kochend
2 EL	Petersilie
3 EL	Mehl
1 ML	Bindobin (aus dem Reformhaus)
½–1 TL	Salz
½ TL	Muskatnuss, frisch gerieben
	Margarine zum Braten

Kartoffelpüree

Schön fluffig, locker und samtig – so ist der perfekte Kartoffelpüree, auch ohne Kuhmilch.

- Kartoffeln schälen und in Salzwasser so lange kochen, bis sie relativ weich, aber noch nicht verkocht sind (hängt immer von der Sorte ab). Sojamilch erhitzen. Margarine, ein Hauch Muskat und nach und nach die heiße Sojamilch hinzugeben. Mit einem Schneebesen oder Kartoffelstampfer zu einem flockigen Püree verarbeiten. Nach Geschmack salzen.

Info: Kartoffelpüree gibt es auch von verschiedenen Firmen als Fertigprodukt (siehe Klappe).

€ 2 Portionen · preisgünstig

500 g	Kartoffeln
	Salz
¼ l	Sojamilch
1 TL	Margarine (milchfrei)
	Muskatnuss, frisch gerieben

Kartoffelauflauf

Genau das Richtige für einen Haufen Rabauken mit großem Appetit.

4 Portionen · gut vorzubereiten

750 g	Kartoffeln, fest kochend
1 EL	Öl
4	Zwiebeln
200 g	gekochter Schinken
300 ml	Soja-Sahne (z.B. Soya Cuisine, Soja Dream, Soja Cream)
	Salz | Pfeffer, frisch gemahlen
	Paprika
2 ML	Bindobin (aus dem Reformhaus)
	Schnittlauch

Tipp

Ein Essen, das sich gut vorbereiten lässt. Hierzu können Sie die Kartoffeln schon am Vorabend kochen.

- Kartoffel abspülen und in der Schale in Salzwasser gar kochen. Anschließend pellen. Auflaufform mit Öl einpinseln. Kartoffeln in Scheiben schneiden und hineinschichten. Zwiebeln abziehen und fein würfeln. In der Pfanne anbraten und über die Kartoffeln geben.
- Schinken klein würfeln und auf die Kartoffelschicht streuen. Soja-Sahne mit dem Bindobin verrühren und mit Salz, Pfeffer und Paprika abschmecken. Sauce über den Auflauf gießen.
- Den Auflauf bei etwa 200 Grad (Umluft 180 Grad) im Backofen ungefähr 30 Min. überbacken. Schnittlauch abspülen, trockenschütteln und in Röllchen schneiden. Auflauf mit den Schnittlauchröllchen bestreut servieren.

Kartoffelpuffer

Die Zubereitung ist kinderleicht und zu Kartoffelpuffern schmeckt fast alles: Apfelmus, Räucherlachs oder Kräutercreme.

2 Portionen · preisgünstig

500 g	Kartoffeln
	Salz
3 EL	Mehl
2–3 M	Bindobin (aus dem Reformhaus)
	Öl zum Braten

- Die Kartoffeln schälen und fein reiben. Mit Salz, Mehl und Bindobin vermengen und gut verrühren. Den Kartoffelpufferteig 20 bis 30 Min. quellen lassen. Öl in einer beschichteten Pfanne erhitzen und die Puffer portionsweise goldbraun ausbacken.

Beilage: Obst, z.B. Apfelmus. In verschiedenen Regionen isst man Kartoffelpuffer auch mit Gulasch, Quark oder Zuckerrübensirup.

Tipp

Es gibt von verschiedenen Firmen (u.a. Eismann) tiefgekühlte Kartoffelpuffer.

▲ Feine Erbsensuppe

Feine Erbsensuppe

Diese leuchtend grüne Erbsensuppe hat nichts mit Erbseneintopf zu tun. Sie ist so fein, dass sie sich prima als Vorspeise eignet.

- Erbsen in der Hühnerbrühe 10 Min. bei kleiner Hitze gar kochen. Mit dem Pürierstab oder im Mixer pürieren (evtl. durch ein Sieb streichen). Suppe wieder erwärmen und mit den Püreeflocken cremig rühren.

- Soja-Sahne unterrühren. Basilikum abspülen, trockenschütteln und fein hacken. Die Suppe mit Salz und Pfeffer abschmecken und mit Basilikum bestreut servieren.

2–3 Portionen · gelingt leicht

400 g	TK-Erbsen
¾ l	Hühnerbrühe
2 EL	Kartoffelpüree-Flocken (milchfrei)
2 EL	Soja-Sahne (z.B. Soya Cuisine, Soja Dream, Soja Cream)
1	Bund Basilikum
	Salz
	Pfeffer, frisch gemahlen

Kürbiscremesuppe

Die Kürbiscremesuppe schmeckt einfach wunderbar – aus zartem Kürbis lässt sich toll eine wärmende Herbstsuppe zubereiten.

- Kürbis, Karotte, Kartoffeln abspülen und schälen. Zwiebel abziehen und fein würfeln. Gemüse ebenfalls in Würfel schneiden. Zwiebel-, Kürbis-, Karotten- und Kartoffelwürfel in der Margarine andünsten, salzen, pfeffern und mit der Gemüsebrühe auffüllen. Rosmarin abspülen, Nadeln abzupfen, fein hacken und dazugeben.

- Die Suppe bei kleiner Hitze etwa 20 Min. kochen. Dann durch ein Sieb streichen, nochmals kurz aufkochen und die Soja-Sahne unterrühren. Die Toastscheiben entrinden, in Würfel schneiden und die Brotwürfel in einer Pfanne anrösten. Suppe in Teller füllen und die Croutons darüberstreuen.

2–3 Portionen · gut vorzubereiten

500 g	Kürbis
1	Karotte
1	Kartoffel
1	Zwiebel
2–3 EL	Margarine (milchfrei)
	Salz | Pfeffer, frisch gemahlen
1¼ l	Gemüsebrühe
1	Zweig Rosmarin
125 ml	Soja-Sahne (z.B. Soya Cuisine, Soja Dream, Soja Cream)
2	Scheiben Toast (milchfrei)

Provençalische Hühnersuppe

In dieser Suppe steckt das Aroma Südfrankreichs: frischer Fenchel, Kräuter, Knoblauch und ein Schuss Pernod.

4 Portionen · braucht etwas mehr Zeit

2	große Zwiebeln
4	Knoblauchzehen
500 g	Fenchelknollen
3 EL	Olivenöl
80 ml	Ricard oder Pernod
1	Prise Safran
2	Zweige Thymian oder 1 TL getrockneter Thymian
4	Lorbeerblätter
4 EL	Tomaten (aus der Dose)
	Salz | Pfeffer, frisch gemahlen
4	Hähnchenschenkel
500 ml	Hühnerbouillon
500 g	Kartoffeln

- Am Abend vor dem Mittagessen (bzw. am Morgen vor dem Abendessen) Zwiebeln und Knoblauch abziehen und vierteln. Fenchel putzen, abspülen und in grobe Stücke schneiden. Zwiebeln, Knoblauch und Fenchel (samt Grün) mit Olivenöl, Ricard, Safran, Thymianzweigen, Lorbeerblätter, den Tomaten, etwas Salz und dem Pfeffer in eine Kasserolle mit Deckel geben. Alles sorgfältig miteinander vermischen.

- Die Hähnchenschenkel enthäuten, in der Gemüsemischung ein paar Mal wenden und in diesem Bett liegenlassen. Mit einem Deckel verschließen und für mindestens 8 Stunden in den Kühlschrank stellen.

- Etwa 2 Stunden vor dem Essen die Kasserolle aus dem Kühlschrank nehmen und 1 Stunde bei Zimmertemperatur stehen lassen. Die Hühnerbouillon hinzufügen. Den Topf zugedeckt bei Mittelhitze auf die Herdplatte stellen und 30 Min garen. Ab und zu umrühren und eventuell die Temperatur zurückschalten, wenn es zu stark kocht.

- Die Kartoffeln schälen und vierteln und der Suppe hinzufügen. Nach weiteren 30 Min. sollten die Kartoffeln gar sein. Mit Salz und Pfeffer abschmecken.

Bunte Suppe mit Rindfleisch

Die bunte Suppe schmeckt allen, die es gerne deftig und auch etwas schärfer mögen. Sorgen Sie für ausreichend Brot zum Löschen.

4–6 Portionen · gut vorzubereiten

750 g	Tafelspitz
2	Zwiebeln
10	Wacholderbeeren
3	Nelken
3	Lorbeerblätter
750 g	Kartoffeln
2	Dosen Mais
1	Chilischote
2	rote Paprikaschoten
1	große Dose Tomaten
	Salz | Pfeffer, frisch gemahlen
	Paprika, edelsüß

- Tafelspitz in 1½ Liter Wasser zum Kochen bringen und den anfangs aufsteigenden Schaum regelmäßig abschöpfen. Die Zwiebeln abziehen und vierteln. Mit den Wacholderbeeren, Nelken und Lorbeer zum Fleisch geben. Bei milder Hitze 1½ bis 2 Stunden garen.

- Die Kartoffeln abspülen und in der Schale garen. Mais abtropfen. Chili- und Paprikaschoten abspülen, entkernen und fein würfeln. Kartoffeln pellen und würfeln.

- Nach dem Ende der Garzeit Fleisch, Lorbeer, Wacholder und Nelken aus der Brühe nehmen. Chili, Paprika und Tomaten samt Flüssigkeit dazugeben und 10 Min. in der Brühe garen. Kartoffeln und Mais hinzufügen und aufkochen. Das Fleisch würfeln und in der Suppe erwärmen. Kräftig mit Salz, Pfeffer und Paprika würzen.

Tipp

Falls Sie nicht gerne scharf essen, können Sie getrost die Chilischote weglassen.

Bouillabaisse

Sie erwarten Fisch- und Meeresfrüchtefans zum Essen? Alles klar, jetzt muss eine echte Bouillabaisse auf den Tisch – auch Ungeübten gelingt sie problemlos.

4 Portionen · braucht etwas mehr Zeit

1	Zwiebel
1½	Stangen Staudensellerie
1 EL	Olivenöl
2	Tomaten
½	Orange
½	Zitrone
400 ml	Fischfond
2 EL	Tomatenmark
150 ml	trockener Weißwein
1	Knoblauchzehe
1 TL	Margarine (milchfrei)
	Zucker | Salz
¼ TL	Kräuter der Provençe
¼ TL	Cayennepfeffer
2	große Prisen Safran
250 g	Heilbuttfilet
2	kleine Hummerschwänze
250 g	Krabben oder Shrimps
4	Jakobsmuscheln

- Zwiebel abziehen, in dünne Ringe schneiden, Sellerie abspülen, putzen und fein hacken. Beides in heißem Olivenöl 5 Min. anschwitzen. Gelegentlich umrühren. Die Tomaten heiß überbrühen, häuten und in kleine Würfel schneiden.

- Die Orange und die Zitrone schälen. Die Orange zur Hälfte in dünne Scheiben schneiden, von der Zitrone nur zwei dünne Scheiben abschneiden. Orangen- und Zitronenscheiben und alle Zutaten bis auf den Fisch und die Meeresfrüchte mit 400 ml Fischfond zugedeckt 15 bis 20 Min. köcheln, bis die Suppe leicht andickt.

- Heilbutt in 5 cm lange Streifen schneiden. Hummerschwänze der Länge nach halbieren und aus der Schale lösen. Die Jakobsmuscheln halbieren oder vierteln. Fisch und Meeresfrüchte in die Brühe geben, dabei die festeren Stücke am Rand platzieren. Zugedeckt etwa 8 Min. kochen, dabei einmal vorsichtig umrühren. Vor dem Servieren 5 Min. stehen lassen.

Tipp

Die Bouillabaisse können Sie genauso gut in der Mikrowelle zubereiten: Mischen Sie zu Beginn Zwiebel und Sellerie mit dem Olivenöl und garen sie beides zugedeckt in einer mikrowellengeeigneten Form bzw. Schüssel 6 bis 9 Min. bei 600 Watt. Einmal während der Garzeit umrühren. Anschließend geht alles so weiter wie im Rezept beschrieben – nur eben in der Mikrowelle.

Frühlingszwiebelsuppe

4 Portionen · gelingt leicht

400 g	Hähnchenbrust	1	Bund Frühlingszwiebeln
3 EL	Öl	2	Tomaten
	Salz | Pfeffer, frisch gemahlen		Muskatnuss, frisch gerieben
1 l	Geflügelfond	2 EL	Kerbel, gehackt
2 EL	Graupen		

- Die Hähnchenbrust kalt abspülen trockentupfen, in Würfel schneiden, in Öl anbraten und mit Salz und Pfeffer würzen. Geflügelfond dazugießen, Graupen hineingeben und 20–25 Min. garen.
- Die Frühlingszwiebeln putzen, abspülen und schräg in Ringe schneiden. Die Tomaten achteln. Nach 15 Min. Zwiebeln, nach 20 Min. die Tomaten zugeben. Suppe mit Salz, Pfeffer und Muskat abschmecken und vor dem Servieren Kerbel darüberstreuen.

Brokkolisuppe

2 Portionen · preisgünstig

200 g	Brokkoli		Muskatnuss, frisch gerieben
600 ml	Brühe		Pfeffer, frisch gemahlen
4 TL	Speisestärke		
1 EL	Petersilie, gehackt		

- Brokkoli putzen, abspülen und die Brokkolistengel von den Röschen trennen. Die Stengel in der Brühe weich kochen und pürieren. Die Stärke in etwas kaltem Wasser auflösen und tröpfchenweise in die Suppe einrühren.
- Die Brokkoliröschen in die Suppe geben und so lange kochen, bis sie gar sind. Suppe mit Muskat und Pfeffer abschmecken und vor dem Servieren mit etwas gehackter Petersilie bestreuen.

Blumenkohlsuppe mit Kerbel

4 Portionen · gut vorzubereiten

1	mittelgroßer Blumenkohl	4 EL	Soja-Sahne (z.B. Soya Cuisine, Soja Dream, Soja Cream)
1 EL	Margarine (milchfrei)	3 EL	Kerbel, gehackt
1 l	Hühnerbrühe		
	Salz | Pfeffer, frisch gemahlen		

- Den Blumenkohl putzen, abspülen und in kleine Röschen zerteilen. Die Margarine in einem Topf erhitzen und den Blumenkohl einige Minuten darin schwenken, bevor die heiße Brühe hinzukommt.
- Die Suppe zum Kochen bringen und zugedeckt etwa 20 Min. leicht köcheln lassen. Mit einem Pürierstab oder im Mixer pürieren, nochmals in den Topf leeren und erneut erhitzen. Mit Salz und Pfeffer abschmecken und die Soja-Sahne unterrühren.
Mit dem Kerbel bestreuen.

Kräftige Bohnensuppe

4 Portionen · preisgünstig

300 g	Kartoffeln
1	Bund Suppengemüse
2	Zwiebeln
1	Knoblauchzehe
1 TL	Margarine (milchfrei)
1 l	Brühe
600 g	grüne Bohnen (TK)
1	Zweig Bohnenkraut
4	Kochwürste
150 ml	Soja-Sahne (z.B. Soya Cuisine, Soja Dream, Soja Cream)
	Salz | Pfeffer

- Kartoffeln schälen. Suppengemüse putzen und abspülen. Kartoffeln, Karotten und Sellerie in mundgerechte Stücke teilen. Den Lauch in feine Ringe schneiden. Zwiebeln und Knoblauchzehe abziehen und fein würfeln. Kartoffeln, Gemüse, Zwiebeln und Knoblauch im heißen Fett andünsten.

- Brühe und Bohnen hinzufügen, die Blättchen des Bohnenkrauts abzupfen und ebenfalls dazugeben. Alles so lange garen, bis die Bohnen weich sind (etwa 15 Min.). Wurst in Scheiben schneiden und in der Suppe kurz erwärmen. Soja-Sahne unter die Suppe rühren und mit Salz und Pfeffer abschmecken.

Gulaschsuppe

4 Portionen · gut vorzubereiten

1	große Zwiebel
2 EL	Schweineschmalz
1	Paprikaschote
2	Tomaten
250 g	Rinderfilet
	Salz | Paprika
2 EL	Mehl
1	Tasse Kartoffeln, gekocht
	Pfeffer, frisch gemahlen
	Kümmel, gemahlen
	Majoran, getr.

- Die Zwiebel abziehen, würfeln und in einer Kasserolle im heißen Schmalz hellgelb rösten. Paprika abspülen und entkernen. Tomaten abspülen. Beides in kleine Würfel schneiden. Fleisch kalt abspülen, trockentupfen und in mundgerechte Würfel schneiden.

- Fleisch, Tomaten und Paprika zu den Zwiebeln geben. Salzen und scharf anbraten, bis der Saft verdunstet ist. Mit Paprika und Mehl bestreuen, ablöschen und mit 1 l Wasser auffüllen. Die tags zuvor gekochten Kartoffeln würfeln und der Suppe zusetzen. Mit Pfeffer, Salz, Kümmel und Majoran abschmecken.

Sauerkrautsuppe

4 Portionen · gut vorzubereiten

3	Zwiebeln		Salz
3	Knoblauchzehen		Cayennepfeffer
3 EL	Öl		Rosenpaprika
300 g	Schweinemett		Tabasco
2 EL	Tomatenmark	100 g	Frischkäse auf Sojabasis (z.B. von Tofutti)
400 g	Sauerkraut		
1½ l	Hühnerbrühe		

- Zwiebeln und Knoblauchzehen abziehen und fein hacken. Öl erhitzen und Zwiebeln und Knoblauch darin andünsten. Das Schweinemett dazugeben und anbraten. Tomatenmark, Sauerkraut und Brühe hinzufügen.

- Mit Salz, Cayennepfeffer, Paprika und fünf bis sechs Spritzern Tabasco würzen. Die Suppe 10 bis 15 Min. kochen lassen. Vor dem Servieren je 1 Esslöffel Soja-Frischkäse auf die Suppe geben und mit Paprika bestreuen.

Paprikatopf

4 Portionen · gelingt leicht

3	Zwiebeln	4	Krakauer-Würstchen
2	Stangen Lauch	½	Bund Petersilie
3	rote Paprikaschoten		Salz | Pfeffer, frisch gemahlen
500 g	Kartoffeln		

- Zwiebeln abziehen, Lauch putzen und abspülen. Beides in Ringe schneiden. Paprika entkernen und in Streifen schneiden. Kartoffeln schälen und in mundgerechte Würfel schneiden. ¾ l Wasser zum Kochen bringen und das vorbereitete Gemüse und die Kartoffeln etwa 20 Min. kochen.

- Würstchen in Scheiben schneiden, hinzufügen und heiß werden lassen. Petersilie abspülen, trockenschütteln und hacken. Den Paprikatopf mit Salz und Pfeffer abschmecken und mit gehackter Petersilie bestreut servieren.

Desserts und Süßspeisen

Ananas-Creme mit Rum

Die Ananas-Creme ist eine gelungene Mischung und schmeckt schön rund nach Karamel, Rum, fruchtiger Ananas und Maracuja.

- Ananas schälen, den Strunk entfernen und in 1 cm dicke Scheiben schneiden. Ananasstücke in einem flachen, großen Topf mit Rum, Zucker, dem ausgekratzten Vanillemark und 100 ml Wasser in zwei Portionen jeweils 10 Min. offen kochen.

- Ananasstücke herausnehmen und das Rumgemisch so lange auf niedriger Temperatur weiterkochen, bis sich am Boden des Topfes eine Karamelschicht bildet. Maracujasaft angießen und Karamel loskochen.

- Gelatine einweichen, ausdrücken und in dem noch warmen Karamel-Maracuja-Gemisch auflösen. Die Masse in eine Schüssel füllen und mehrere Stunden kalt stellen. In der Zwischenzeit die Soja-Sahne mit dem Sahnesteif schlagen und kalt stellen. Vor dem Servieren mit den gehackten Pistazien bestreuen und zusammen mit den Ananasstücken und der Sahne anrichten.

4 Portionen · braucht etwas mehr Zeit

1	Ananas (ca. 1,5 kg)
150 ml	brauner Rum
120 g	brauner Zucker
½	Vanilleschote
⅛ l	Maracujasaft
3	Blatt weiße Gelatine
250 ml	aufschlagbare Soja-Sahne (z.B. Soja-Schlagcreme oder Cresoy)
1 Pä	Sahnesteif
1 EL	Pistazien, gehackt

MEHR WISSEN

Pudding und Co.

Mit Gelatine zubereitete Süßspeisen sollten, nachdem die Gelatine eingerührt wurde, nicht mehr kochen, weil sie sonst nicht mehr fest werden. Soll der Pudding beim Abkühlen keine Haut bekommen, wird die Oberfläche einfach mit zerlassener Margarine bestrichen. Bereiten Sie feine Cremes nicht in Aluminiumgefäßen zu, sie werden sonst unappetitlich grau.

Äpfel im Schlafrock

4 Portionen · preisgünstig

300 g	TK-Blätterteig (z.B. von Dr. Oetker)		Zucker
4	Äpfel	1 EL	Rosinen
			Zimt

- Blätterteig auftauen lassen, 5 mm dick ausrollen und Quadrate zu 15 cm ausschneiden. Äpfel schälen und das Kerngehäuse ausstechen. Je 1 Apfel auf ein Quadrat legen, etwas Zucker in die Öffnung streuen, mit Rosinen füllen und mit Zimt bestäuben.

- Teig über den Äpfeln zusammenschlagen und mit Wasser bestreichen. Im 220 Grad (Umluft 200 Grad) heißen Backofen 40 Min. backen.

Blätterteigäpfel

6–8 Portionen · braucht etwas mehr Zeit

300 g	TK-Blätterteig (z.B. von Dr. Oetker)	½	Glas Orangenmarmelade
10	kleine Äpfel	2 EL	Pistazien, gehackt

- Blätterteig auftauen lassen und in 10 quadratische Stücke schneiden. Äpfel schälen, halbieren und vom Kerngehäuse befreien. Jeweils zwei Apfelhälften auf ein Blätterteigquadrat legen. Die zwei gegenüberliegenden Teigecken nach innen schlagen. Vor dem Backen mit Wasser bestreichen.

- Bei 200 Grad etwa 15 Min. backen. Orangenmarmelade mit etwas Wasser glattrühren und die noch heißen Teilchen damit bestreichen. Mit den Pistazien bestreuen.

Bratäpfel

4 Portionen · gelingt leicht

4	Äpfel (nicht zu mehlig)	2 EL	Kokosraspel
100 g	Marzipanrohmasse	2 TL	Margarine (milchfrei)

- Äpfel schälen und das Kerngehäuse ausstechen. Aus Marzipanrohmasse, Margarine und Kokosflocken eine Creme rühren. Dies geht besonders leicht, wenn sie die Masse kurz anwärmen (Mikrowelle).

- Die Äpfel mit der Masse füllen und in eine Backform stellen. Bei ca. 175 Grad (Umluft 160 Grad) ungefähr 20 Min. im Backofen backen (die Backzeit hängt aber letztendlich von der Größe der Äpfel ab).

Gegrillte Ananas

4 Portionen · geht schnell

8	Scheiben Ananas		Rum zum Flambieren
	Zimt		
1 EL	Margarine (milchfrei)		

- Ananas abtropfen lassen. Mit Zimt bestäuben und kleine Margarineflöckchen draufsetzen. Die Ananasscheiben auf den geölten Grillrost legen, unter den vorgeheizten Grill schieben und von jeder Seite ein paar Minuten grillen. Herausnehmen, mit Rum übergießen und flambieren.

Erdbeer-Ananas-Dessert

4 Portionen · geht schnell

500 g	Erdbeeren	abgeriebene Schale von ½ Orange
1	Ananas	einige Blättchen Zitronenmelisse
1 EL	Erdbeerkonfitüre	
2 EL	Orangenlikör	

- Erdbeeren abspülen, putzen und halbieren. Ananas schälen, den harten Strunk entfernen und das Fruchtfleisch in Würfel schneiden. Die Hälfte der Erdbeeren mit der Konfitüre, dem Orangenlikör und der Orangenschale pürieren.

- Restliche Erdbeeren mit den Ananaswürfeln mischen und auf Glasschälchen verteilen. Erdbeersauce darübergießen und mit Zitronenmelisse garniert servieren.

Banane in Honig

4 Portionen · preisgünstig

4	Bananen
4 TL	Honig
	Öl zum Braten

- Das Öl im Wok oder in der Pfanne erhitzen. Die Banane schälen, in mundgerechte Stücke schneiden und etwa 1 Min. unter ständigem Rühren anbraten. Den Honig hinzugeben und vorsichtig umrühren, sodass die Bananenstücke mit Honig umhüllt sind.

Exotischer Obstsalat

8–10 Portionen · gelingt leicht

1 kg	Bananen	1	Limette
4	Orangen		Zucker oder Honig
2	Papayas	100 g	frische Kokosnuss
2	Mangos		
2	Karambolen		

- Bananen schälen, in Scheiben schneiden und in eine große Schüssel geben. Orangen filetieren (auch die weiße Haut entfernen). Je nach Größe in Scheiben oder Stücke schneiden. Mitsamt dem Saft über die Bananen geben.

- Papayas schälen und längs halbieren. Mit einem Löffel die schwarzen Kerne herausschaben. Fruchtfleisch würfeln. Mangos schälen, das Fleisch am Stein entlang abschneiden und zerkleinern. Alles zum übrigen Obst geben.

- Karambolen quer in dünne Scheiben schneiden. Die Limette auspressen und zusammen mit den Karambolen zum Obstsalat geben. Nach Belieben mit Zucker oder Honig süßen. Das Fleisch der Kokosnuss in dünne Späne schneiden oder auf einer Reibe fein raspeln. Über den fertigen Fruchtsalat geben.

Tipp

Bitte beachten Sie bei der Zusammenstellung des Obstes eventuelle Allergien oder Kreuzallergien (siehe Seite 147).

Beerensorbet

Aus lediglich drei Zutaten besteht dieses perfekte Sommerdessert. Es funktioniert auch mit Himbeeren oder Erdbeeren.

4 Portionen · braucht etwas mehr Zeit

- 500 g gemischte Beeren
- 100 g Zucker
- 2 EL Zitronensaft

- Die Beeren verlesen und, wenn nötig, abspülen. Sehr zarte wie z.B. Himbeeren nur kurz in stehendem Wasser waschen. 100 ml Wasser mit dem Zucker aufkochen, 2 Min. köcheln, abkühlen lassen und den Zitronensaft unterrühren. Die Beeren mit dem Sirup pürieren und durch ein Sieb passieren.
- Das Sorbet in eine Schüssel mit hohem Rand füllen und im Tiefkühlschrank 3 bis 4 Stunden gefrieren lassen. Rühren Sie alle 20 bis 30 Min. mit einem Schneebesen oder Handrührgerät das Sorbet einmal durch – so entstehen keine großen Eiskristalle und das Sorbet wird herrlich sämig.

Achtung: Die Zuckermenge ist nur ein ungefährer Richtwert. Falls nötig, geben Sie einfach nach dem Pürieren Puderzucker hinzu. Die Kälte federt einen Teil der Süße ab – d.h. die Beerenmasse muss sehr süß schmecken.

Mediterraner Obstsalat

Zum auf die Knie fallen schmeckt der mediterrane Obstsalat – am besten immer dann, wenn es für ein sahniges Dessert zu warm ist.

4 Portionen · gelingt leicht

- 4 Karotten
- 1 Orange
- 3 Feigen
- Balsamico
- Calvados
- Puderzucker
- Pfeffer, frisch gemahlen
- Minze

- Die Karotten schälen und raspeln, die Orangen filetieren und die Feigen abspülen und vierteln. Aus Balsamico, Calvados, Puderzucker und Pfeffer eine Marinade zubereiten.
- Die Minze abspülen, trockenschütteln und hacken. Einige Blättchen zum Garnieren beiseite legen. Die gehackte Minze unter die Marinade rühren und den Fruchtsalat mit ihr überziehen.

▲ Beerensorbet

Schoko-Bananen

Bei Kindern und Leckermäulern stehen Sie ab sofort ganz oben auf der Hitliste – die Schoko-Bananen machen's möglich.

3 Portionen · preiswert

150 g	dunkle Kuvertüre (z.B. von Schwartau)
3	Bananen
6	Holzspieße
100 g	Kokosraspel

- Die Kuvertüre in der Mikrowelle auf kleinster Stufe etwa 2 Min. erwärmen. Je nach Watt-Leistung vielleicht auch etwas länger. Bananen in Stücke schneiden und auf die Holzspieße aufspießen. In die flüssige Kuvertüre tauchen oder mit ihr bepinseln. Noch vor dem Antrocknen der Schokolade mit Kokosraspel bestreuen.

Tipp

Damit die Schokobananen unversehrt trocknen können, nehmen Sie am besten ein Küchensieb aus Plastik, legen es verkehrt herum auf die Arbeitsplatte und stecken die Holzspieße in die Löcher. Wenn die Spieße mit der feuchten Schokolade auf einer Unterlage liegen, kleben sie fest.

Rhabarber-Bananen-Kompott

Säuerlicher Rhabarber und milde Bananen gehen eine schöne Verbindung ein.

4 Portionen · geht schnell

500 g	Rhabarber
½	Vanilleschote
	abgeriebene Schale von 1 Zitrone
200 g	Bananen
1 TL	Honig
1 EL	Mandeln, gehobelt

- Rhabarber abspülen, putzen und in 1 cm lange Stücke schneiden. Die Vanilleschote der Länge nach aufschlitzen und das Vanillemark mit einem Messer herauskratzen. Rhabarber, Vanillemark und die Zitronenschale in wenig Wasser etwa 5 Min. bei milder Hitze dünsten. Anschließend abkühlen lassen.

- Bananen schälen, zerdrücken und mit Honig mithilfe eines Handrührgeräts schaumig schlagen. Die Creme unter das Rhabarberkompott ziehen. Gehobelte Mandeln ohne Fett in der Pfanne anrösten und über das fertige Kompott streuen.

Passt gut zu: süßen Gries-, Reis- oder Hirsesüßspeisen.

▲ Schoko-Bananen

Süßer Couscous

Bereiten Sie besser etwas mehr zu – der süße Couscous ist schnell weggeputzt.

- Die Feigen abspülen, halbieren und den harten Stiel entfernen. In 300 ml Wasser quellen lassen. Aprikosen und Birnen in Streifen schneiden. Orangen lauwarm abspülen, Schale abreiben und auspressen. 50 ml des Safts auffangen.
- Die getrockneten Früchte, die Feigen samt Einweichwasser, den Orangensaft, die abgeriebene Schale, die Rosinen, die Margarine und den Zucker zusammen aufkochen. Couscous einstreuen von der Herdplatte nehmen und zugedeckt 10 Min. quellen lassen.
- Anschließend mit einer Gabel lockern. Haselnüsse grob hacken und kurz anrösten. Kurz vor dem Servieren die Kokosflocken und die gerösteten Nüsse unter das Couscous mischen. Kokosmilch erwärmen und mit ihr das Couscous beträufeln. Den Rohrzucker zum Nachsüßen separat reichen.

4 Portionen · braucht etwas mehr Zeit

4 getrocknete Feigen
50 g getrocknete Aprikosen
4 getrocknete Birnenhälften oder 8 Apfelschnitze
2 unbehandelte Orangen
2 EL Rosinen
1 EL Margarine (milchfrei)
2 EL Zucker
250 g Couscous
3 EL Haselnüsse
1 EL Kokosflocken
300–400 ml Kokosmilch
Rohrzucker

Milchreis aus der Mikrowelle

Allen, denen das Milchreiskochen bislang zu aufwändig war, sollten dieses schnelle und unkomplizierte Rezept einmal ausprobieren.

- Reis, Sojamilch, 1 Prise Salz, Margarine und Zucker in eine große Glasform geben. Zugedeckt bei 850 Watt in der Mikrowelle 10 bis 11 Min. kochen. Einmal umrühren und bei 250 Watt zugedeckt etwa 25 Min. ausquellen lassen.
- Aus dem Mikrowellengerät nehmen und noch einige Minuten geschlossen stehen lassen. Noch einmal durchrühren und nach Geschmack mit Zimt und Zucker bestreut servieren.

4 Portionen · gelingt leicht

250 g Milchreis
1 l Soja-, Reis-, Hafer- oder Kokosmilch
Salz
1 TL Margarine (milchfrei)
2 EL Zucker
Zimt

Milchreis mit Pflaumen

4 Portionen · braucht etwas mehr Zeit

1 l	Soja-, Hafer-, Kokos- oder Reismilch
1	Prise Salz
75 g	Zucker
1	Vanillestange
250 g	Milchreis
1	Glas Pflaumen (360 g)
1½ EL	Speisestärke
1 TL	Ingwer, frisch gerieben
	Zimt

- Sojamilch, Salz, Zucker aufkochen. Die Vanillestange der Länge nach aufschlitzen und hinzufügen. Den Reis unter Rühren einstreuen und etwa 45 Min. ausquellen lassen.

- Für das Kompott Pflaumen abtropfen lassen, den Pflaumensaft mit der Stärke glattrühren und unter Rühren aufkochen. Die Pflaumen darin erwärmen. Den Ingwer unterrühren.

- Vor dem Servieren die Vanillestange aus dem Milchreis entfernen. Milchreis mit Zimt und etwas Zucker bestreuen und zusammen mit dem Pflaumenkompott servieren.

MEHR WISSEN

Süß gestapelt

Süße Aufläufe bereitet man im Prinzip genauso zu wie auch pikante. Schichten Sie Ihre Zutaten übereinander – Saft oder Sauce nicht vergessen – und bestreuen Sie ihn mit Semmelbröseln oder auch mit Zwiebackbröseln. Aufläufe schmecken besonders gut, wenn man Margarineflöckchen auf der Oberfläche verteilt. Zu allen passt eine süße Sauce: je nach Geschmack Vanille-, Schokoladen- oder Weinschaumsauce.

Kirschauflauf

4 Portionen · preisgünstig

13	Scheiben Vollkorn-Zwieback
3 EL	Margarine (milchfrei)
1	Vanillestange
700 ml	Orangen- oder Kirschsaft
50 g	Zucker
2 EL	Speisestärke
500 g	entsteinte Kirschen
1 TL	Vanillezucker
	Hagelzucker
	Pfefferminzblättchen

- 10 Scheiben Zwieback auf den Boden einer mit 1 Esslöffel Margarine gefetteten Form legen. Vanillestange der Länge nach aufschlitzen und mit Saft, Zucker, und Speisestärke in einen Topf geben. Unter Rühren aufkochen. Kirschen hinzufügen und heiß werden lassen.

- Vanillestange entfernen und die Kirschmasse über den Zwieback in die Form geben. Die restlichen Scheiben Zwieback zerbröseln, mit 2 Esslöffeln sehr kalter Margarine und dem Vanillezucker schnell zu Streuseln kneten.

- Streusel zwischen den Händen über die Kirschen bröseln und den Auflauf im 175 Grad (Umluft 160 Grad) heißen Backofen etwa 15 bis 20 Min. überbacken. Mit Hagelzucker bestreuen und mit Pfefferminzblättchen garnieren.

Tipp

Viele Firmen stellen Zwieback her, aber nur wenige Sorten davon sind milchfrei. Ich nehme immer den der Firma Praum.

Grießschnitten mit warmem Kirschkompott

Himmlisch: die zarten Grießschnitten zusammen mit den säuerlichen Früchten.

- Die Vanillestange der Länge nach aufschlitzen und das Mark herauskratzen. Sojamilch, Soja-Sahne, 2 Esslöffel Zucker und Salz aufkochen und das Vanillemark und die Schote hinzugeben. 5 Min. ziehen lassen, dann die Vanilleschote herausnehmen. Den Grieß einstreuen und bei kleiner Hitze kochen lassen, bis ein dicker Brei entstanden ist. 1 Esslöffel Margarine unterrühren und den Brei 1 cm dick auf ein Holzbrett oder in eine gefettete Form streichen.

- Die Kirschen abspülen, verlesen und entsteinen. Den Kirschsaft aufkochen lassen, den restlichen Zucker hinzufügen und die Kirschen hineingeben. Etwa 1 bis 2 Min. kochen lassen. Die Speisestärke in etwas kaltem Wasser verrühren und in das kochende Kirschkompott geben. Nur so viel Stärke hinzufügen, dass das Kompott leicht andickt. Weitere 2 Min. kochen lassen.

- Den Grieß in Rauten oder Rechtecke schneiden. Portionsweise in heißer Margarine in einer beschichteten Pfanne goldbraun braten. Das Kirschkompott auf einen Teller geben und die Grießschnitten obenauf setzen.

4 Portionen · gelingt leicht

1	Vanilleschote
375 ml	Soja-Milch
100 ml	Soja-Sahne (z.B. Soya Cuisine, Soja Dream, Soja Cream)
4 EL	Zucker
1	Prise Salz
100 g	grober Hartweizengrieß
2 EL	Margarine
400 g	Kirschen
400 ml	Kirschsaft
1 TL	Speisestärke

Buchteln

Schön locker und leicht, am besten noch lauwarm – einfach himmlisch, so dass man sie am liebsten schon zum Frühstück genießen möchte.

4 Portionen · preisgünstig

½ l	Sojamilch
1	Würfel Hefe
500 g	Mehl
100 g	Zucker
	Salz
1 ML	Bindobin (aus dem Reformhaus)
75 g	Margarine (milchfrei)
3 EL	Zitronensaft
	Puderzucker zum Bestäuben

Tipp

Servieren Sie die Buchteln lauwarm mit Puderzucker, mit Aprikosenmarmelade oder mit Vanillesauce (Rezept siehe unten).

- ¼ Liter Sojamilch erwärmen und die Hefe darin auflösen. Mit 1 EL Mehl und etwas Zucker zu einem Vorteig verrühren. Das Mehl in eine Schüssel geben, eine Mulde in die Mitte drücken und den Vorteig in die Mulde füllen. Zugedeckt an einem warmen Ort etwa 15 Min. gehen lassen.

- 1 Prise Salz, Bindobin, 3 Esslöffel Zucker und 50 g weiches Fett zuerst mit einem Handrührgerät, später mit den Händen, mit dem Vorteig. Zugedeckt an einem warmen Ort weitere 15 Min. gehen lassen. 12 bis 14 Teiglinge formen. Die Buchteln in eine gefettete Auflauf- oder Backform (Ø 26 cm) setzen und weitere 15 Min. gehen lassen.

- Die übrige Sojamilch, das restliche Fett und 1 Esslöffel Zucker erwärmen und über die Buchteln gießen. Im 200 Grad (Umluft 180 Grad) heißen Backofen etwa 30 bis 40 Min. backen. Nach etwa 15 Min. Backzeit mit Alufolie abdecken, damit die Buchteln nicht zu braun werden.

SO WIRD'S GEMACHT

Herrliche Vanillesauce

Eine Vanillesauce ohne Ei und ohne Milch herzustellen, ist gar nicht schwer: Kochen Sie 250 ml Soja-Sahne (z.B. Soya Cuisine, Soja Dream, Soja Cream) mit dem ausgekratzten Mark einer Vanilleschote und 1 bis 2 Esslöffel Zucker für etwa 5 Min. Die cremige Konsistenz gelingt am besten mit weißer Gelatine. Weichen Sie 2 bis 3 Blätter in kaltem Wasser ein, drücken Sie sie anschließend gründlich aus und verrühren Sie die Gelatine mit etwas heißer Soja-Sahne. Nun einfach den Topf vom Herd nehmen und die aufgelöste Gelatine tropfenweise unterrühren. Abkühlen lassen und wenn die Vanillesauce zu gelieren beginnt, zu Buchteln, Kuchen oder Desserts reichen.

Kuchen, Gebäck und Brot

Apfel-Muffins

4 Portionen · gelingt leicht

200 g	Vollkorn-Haferflocken
15 g	Weizenvollkornmehl
100 g	brauner Zucker
1 EL	Backpulver
1 ML	Bindobin (aus dem Reformhaus)
	abgeriebene Schale von
1	Zitrone
1 TL	Zimt
2	Äpfel
2 EL	Öl
200 ml	Apfelsaft
	Papierbackförmchen

- Eine Muffin-Form mit Papierbackförmchen auslegen. Haferflocken, Mehl, Zucker, Backpulver, Bindobin, Zitronenschale und Zimt gründlich miteinander vermengen.

- Die Äpfel abspülen, vierteln und vom Kerngehäuse befreien. Mit der Schale fein in kleine Stifte schneiden. Unter die bereits gemischten Zutaten heben. Öl und Apfelsaft dazugeben und gut verrühren, bis alles gut durchfeuchtet ist. Bei 175 Grad (Umluft 160 Grad) auf der mittleren Schiene etwa 10 Min. backen.

MEHR WISSEN

Meine Warenkunde: Bindemittel

Bindobin besteht aus Johannisbrotkernmehl (E 410) und Kalziumlaktat (E 327) und wird gerade beim Backen zum Binden gebraucht. Sie können es im Reformhaus kaufen. Mandelmus wird nur aus gemahlenen und pürierten Mandeln hergestellt. Beides bekommen Sie im Reformhaus.

Kindertörtchen

4 Portionen · geht schnell

2 ML	Bindobin (aus dem Reformhaus)
1 EL	Mandelmus
300 g	Margarine (milchfrei)
275 g	Zucker
1 Pä	Vanillezucker
1	Fläschchen Rum-Aroma
500 g	Mehl
1 Pä	Backpulver
	Papierbackförmchen

- Das Bindobin mit 160 ml Wasser mischen. Für die Mandelmilch 1 Esslöffel Mandelmus mit 125 ml Wasser verrühren. Beiseite stellen. Die Margarine schaumig rühren und löffelweise den Zucker, den Vanillezucker, die Bindobinmasse und das Rum-Aroma hinzufügen.

- Mehl mit dem Backpulver mischen und abwechselnd mit der Mandelmilch unter den Teig rühren. Dabei nur so viel Mandelmilch verwenden, dass der Teig schwer reißend vom Löffel fällt.

- Jeweils die Menge von einem großen Teelöffel in kleine Papierbackförmchen geben und bei 175 Grad (Umluft 160 Grad) etwa 10 bis 15 Min. backen. Die abgekühlten Törtchen mit Zuckerguss, -streuseln oder -blümchen verzieren.

Steyrischer Apfelkuchen

Ein Klassiker, dem fast niemand widerstehen kann. Geheimtipp: Die Aprikosenmarmelade sorgt für einen saftig-leckeren Teig.

- Das Mehl mit dem Backpulver, der Margarine, 50 g Zucker, dem Salz und der Sojamilch schnell zu einem glatten Teig verkneten. In Frischhaltefolie gewickelt 1 Stunde im Kühlschrank ruhen lassen.
- Die Äpfel schälen, vom Kerngehäuse befreien, grob raspeln und mit Zitronensaft, dem restlichen Zucker, dem Zimt, den Rosinen und den Nüssen (bzw. Mandeln oder Kokosflocken) mischen.
- Den Teig ausrollen, Boden und Rand des gefetteten Backblechs mit 2/3 des Teiges auslegen. Die Apfelmischung gleichmäßig auf dem Teig verteilen. Den restlichen Teig auf einer bemehlten Arbeitsfläche ausrollen, in dünne Streifen schneiden und diese als Gitter über den Kuchen legen.
- Im 200 Grad (Umluft 180 Grad) heißen Backofen auf der mittleren Schiene etwa 30 Min. backen. Die Aprikosenmarmelade kurz erhitzen und das Teiggitter damit bestreichen. Den Puderzucker mit Zitronensaft verrühren und das Teiggitter glasieren.

Für 1 Blech · gelingt leicht

600 g	Mehl
1	Päckchen Backpulver
200 g	Margarine (milchfrei)
175 g	Zucker
1/2 TL	Salz
1/4 l	Sojamilch oder Wasser
1 1/2 kg	Äpfel
	Saft von 1 Zitrone
1 TL	Zimt
100 g	Rosinen
100 g	gehackte Nüsse oder Mandeln (bzw. Kokosflocken)
200 g	Aprikosenmarmelade
100 g	Puderzucker
2 EL	Zitronensaft
	Fett fürs Blech

SO WIRD'S GEMACHT

Mürbeteig immer kalt stellen

Damit sich der Mürbeteig gut ausrollen lässt, muss er mindestens 30 Min. im Kühlschrank ruhen. Wenn Sie den Teig dann zwischen zwei Lagen Frischhaltefolie legen, können Sie ihn leicht ausrollen.

Ausgetrocknetes Marzipan

Nicht mehr ganz frisches Marzipan kann man mit einer Küchenreibe unter den Kuchenteig reiben, was dem Kuchen eine leckere Note gibt. Sie können das Marzipan aber auch mit etwas Margarine vermischen und dann so lange rühren, bis eine cremige Masse entsteht. Diese eignet sich gut für Füllungen.

Rosinen am falschen Platz

Beim Backen passiert es oft, dass alle Rosinen auf den Boden des Teiges sinken. Das lässt sich verhindern, indem Sie die Rosinen vor dem Einrühren in den Teig mit Mehl bestäuben – das bremst.

Tipp

Mit Kokosflocken wird der Kuchen sehr saftig. Mit Nüssen oder Mandeln eher etwas trockener. Der Kuchen kann, allerdings ohne die Glasur, sehr gut eingefroren werden, sodass man für überraschenden Besuch oder akute Apfelkuchenlust immer ein Stück parat hat.

Grundrezept Hefeteig

Was auch immer Süßes Sie planen, der luftige Hefeteig eignet sich hervorragend für allerhand Kuchen, Brötchen oder Zöpfe.

€ Für 1 Blech · preisgünstig

500 g	Mehl
1	Würfel Hefe oder
1 Pä	Trockenhefe
4 EL	Zucker
¼ l	lauwarmes Sprudelwasser
125 g	Margarine (milchfrei)
1	Prise Salz

Das Grundrezept eignet sich für:
Blechkuchen
Hefeteigzöpfe
Rosinenbrötchen
Marzipanhörnchen
Schweinchenköpfe
Weckmänner

- Das Mehl in eine Schüssel geben, in die Mitte eine Vertiefung drücken, die Hefe hineinbröckeln und mit 1 Esslöffel Zucker, $^1/_8$ l lauwarmem Sprudelwasser und ein wenig Mehl verrühren. Den Vorteig zugedeckt an einem warmen Ort etwa 15 Min. gehen lassen.

- Die Margarine zerlassen und mit dem restlichen Zucker und dem Salz unter das Mehl und den Vorteig kneten. Nach und nach soviel Sprudelwasser zugeben, bis ein geschmeidiger, nicht klebender Hefeteig entsteht. Teig vor dem Backen noch einmal 30 Min. gehen lassen.

Tipp

Zum Aufgehen stelle ich die Teigschüssel samt Hefeteig in einen Plastikbeutel und verschließe diesen. Der Teig geht so schneller und verdoppelt sich im Nu.

Apfel-Streuselkuchen

Der Apfel-Streuselkuchen ist genau das Richtige für Streuselmonster aller Art. Backen Sie am besten gleich zwei Bleche!

€ Für 1 Blech · preisgünstig

Grundrezept Hefeteig (siehe oben)

Belag:

1½ kg	Äpfel
200 g	Mehl
200 g	Zucker
100 g	Margarine (milchfrei)

- Für den Belag die Äpfel schälen, vom Kerngehäuse befreien und in kleine Stücke schneiden. Den Hefeteig auf einem mit Backpapier ausgelegten Backblech ausrollen. Die Apfelstücke gleichmäßig darüber verteilen.

- Für die Streusel das Mehl mit dem Zucker und der möglichst kalten Margarine vermengen. Schnell zu Streuseln kneten und zwischen den Händen über den Kuchen reiben. Bei etwa 200 Grad (Umluft 180 Grad) auf mittlerer Schiene 25 bis 30 Min. backen.

▲ Apfel-Streuselkuchen

Weckmänner

Kindern macht das Weckmann-Backen großen Spaß, am besten lädt man gleich mehrere Kinder ein, denn auch Nichtallergikern wird's schmecken.

ca. 10–12 Stück · gelingt leicht

500 g	Mehl (oder Weizenvollkornmehl)
1	Würfel Hefe oder 1 Päckchen Trockenhefe
100 g	Zucker
¼ l	Sprudelwasser
125 g	Margarine (milchfrei)
1 TL	Salz

- Das Mehl in eine Schüssel geben, in die Mitte eine Vertiefung drücken, die Hefe hineinbröckeln und mit 1 Esslöffel Zucker, 1/8 l lauwarmem Sprudelwasser und ein wenig Mehl verrühren. Den Vorteig zugedeckt an einem warmen Ort etwa 15 Min. gehen lassen.

- Die Margarine zerlassen und mit dem restlichen Zucker und dem Salz unter das Mehl und den Vorteig kneten. Nach und nach soviel Sprudelwasser zugeben, bis ein geschmeidiger, nicht klebender Hefeteig entsteht. Teig vor dem Backen noch einmal 30 Min. gehen lassen.

- Teig auf einer bemehlten Arbeitsfläche etwa 1 cm dick ausrollen. Die Form von Weckmännern ausschneiden. Im 170 Grad (Umluft 155 Grad) heißen Backofen etwa 10 Min. backen.

SO WIRD'S GEMACHT

Kuchenbackorgien

Sie kennen das bestimmt auch: Wenn man ein Stück Kuchen oder Gebäck für einen Allergiker braucht, ist gerade nichts da. Ich veranstalte alle paar Wochen bei uns eine Kuchenbackorgie oder einen Großbacktag. Ich backe mehrere Bleche Apfelkuchen, schnell 40 Kindertörtchen und kleine Hefezöpfe. Alles wird dann so frisch wie möglich eingefroren. Bitte so einfrieren, dass Sie einzelne Teile entnehmen können – also Kuchen beispielsweise vorher in Stücke schneiden.

Kreppel

Kreppel heißen auch Berliner, Krapfen oder Pfannkuchen – je nachdem woher sie stammen. Eins haben sie gemein: Sie schmecken köstlich.

ca. 40 Stück · braucht etwas mehr Zeit

500 g	Mehl
1	Würfel Hefe oder
1 Pä	Trockenhefe
100 g	Zucker
1/4 l	lauwarmes Sprudelwasser
85 g	Margarine (milchfrei)
1 ML	Bindobin (aus dem Reformhaus)
	Palmin zum Ausbacken
	Zucker zum Bestreuen

- Das Mehl in eine Schüssel geben, in die Mitte eine Vertiefung drücken, die Hefe hineinbröckeln und mit 1 Esslöffel Zucker, 1/8 l lauwarmem Sprudelwasser und ein wenig Mehl verrühren. Den Vorteig zugedeckt an einem warmen Ort etwa 15 Min. gehen lassen.

- Die Margarine zerlassen und mit dem restlichen Zucker unter das Mehl und den Vorteig kneten. Bindobin in 1/8 l Sprudelwasser auflösen und dem Teig zufügen. So lange kneten, bis ein geschmeidiger, nicht klebender Hefeteig entsteht.

- Teig in der Schüssel zugedeckt an einem warmen Ort 30 Min. gehen lassen (der Teig sollte nicht zu klebrig sein – falls doch, noch etwas Mehl unterkneten). Etwa eigroße Bällchen formen und diese auf bemehlter Unterlage nochmals 1 bis 1½ Stunden gehen lassen.

- So viel Palmin in einem kleinen Topf erhitzen, dass das Fett etwa 5 cm hoch im Topf steht. Kreppel hineinlegen und umdrehen, wenn sie hellbraun sind. Nach dem Ausbacken die Kreppel auf Küchenpapier legen und noch warm in Zucker wälzen.

Tipp

Um zu prüfen, ob das Fett heiß genug ist, können Sie einfach einen Holzlöffel nehmen und ihn mit dem Stiel kurz ins Fett halten. Wenn kleine Bläschen aufsprudeln, stimmt die Temperatur und Sie können loslegen.

Waffeln

Auch wenn sich überraschend Besuch ankündigt, hat man die Zutaten für diese leckeren Waffeln meistens im Haus.

4 Portionen · preisgünstig

200 g	Margarine (milchfrei)
500 g	Mehl
2 EL	Zucker
1	Flasche Sprudelwasser
	Öl fürs Waffeleisen

Tipp

Wenn Sie zusätzlich 1 ML Bindobin in den Teig geben, werden die Waffeln schön knusprig. Ich rühre auch gerne Marzipanrohmasse in den Teig. Das macht die Waffeln sehr aromatisch.

- Die Margarine schaumig rühren. Nach und nach das Mehl, den Zucker und etwas Sprudelwasser hinzugeben. So viel Sprudelwasser unterrühren, bis der Teig so dünn wie Pfannkuchenteig ist. Alles gut verrühren und 20 Min. quellen lassen. Im geölten Waffeleisen die Waffeln goldbraun backen.

SO WIRD'S GEMACHT

Allroundtalent Waffelteig

Aus dem Waffelteig können Sie prima auch Crêpes zubereiten: Dazu den dünnflüssigen Teig in einer Pfanne zu großen, dünnen Crêpes ausbacken und diese mit Puderzucker oder Obst servieren. Für Kaiserschmarrn rühren Sie einfach etwas weniger Sprudelwasser unter den Teig und geben Rosinen hinzu. Einfach in einer Pfanne zu einem großen Pfannkuchen ausbacken, umdrehen und in kleine Stück zerpflücken. Mit Apfelmus, Aprikosenmarmelade oder Puderzucker servieren.

Vollkornwaffeln

Schön herzhaft und nussig im Geschmack sind die Vollkornwaffeln. Bereiten Sie ruhig mehr zu – sie lassen sich prima im Toaster aufbacken.

2 Portionen · gelingt leicht

200 g	Weizen, Dinkel, Buchweizen oder Mais
1	Prise Salz
1 TL	Zimt
2 EL	Margarine (milchfrei)
2 EL	Honig
	Öl fürs Waffeleisen

- Das Getreide fein mahlen und mit Salz und Zimt mischen. Mit der Margarine, dem Honig und 250 ml Wasser zu einem dickflüssigen Teig verrühren und diesen zugedeckt etwa 30 bis 60 Min. quellen lassen. Anschließend gut durchrühren, das geölte Waffeleisen vorheizen und nacheinander die Waffeln darin backen.

▲ Waffeln

Marzipanhörnchen

Ideal für die Kaffeerunde oder als süßer Part eines Brunches sind diese Hörnchen mit Marzipanfüllung.

16 Stück · gelingt leicht

Grundrezept Hefeteig:

500 g	Mehl
1	Würfel Hefe
4 EL	Zucker
¼ l	lauwarmes Sprudelwasser
125 g	Margarine (milchfrei)
1	Prise Salz

Füllung:

100 g	Marzipanrohmasse

- Das Mehl in eine Schüssel geben, in die Mitte eine Vertiefung drücken, die Hefe hineinbröckeln und mit 1 Esslöffel Zucker, $1/8$ l lauwarmem Sprudelwasser und ein wenig Mehl verrühren. Den Vorteig zugedeckt an einem warmen Ort etwa 15 Min. gehen lassen.

- Die Margarine zerlassen und mit dem restlichen Zucker und dem Salz unter das Mehl und den Vorteig kneten. Nach und nach soviel Sprudelwasser zugeben, bis ein geschmeidiger, nicht klebender Hefeteig entsteht. Teig vor dem Backen noch einmal 30 Min. gehen lassen.

- Zwei Kugeln aus dem Teig formen und diese auf einer bemehlten Arbeitsfläche zu Kreisen ausrollen. Die runden Teigstücke halbieren, die Hälften noch einmal halbieren und den Fladen in 8 gleiche Dreiecke teilen. Die Marzipanrohmasse in schmale Streifen schneiden.

- Je einen Streifen auf das kurze Ende der Dreiecke legen und diese zur Mitte hin aufrollen. Im 175 Grad (Umluft 160 Grad) heißen Backofen etwa 10 Min. backen. Die Backzeit hängt sehr davon ab, wie groß die Hörnchen geraten sind.

Tipp

Diese Hörnchen sind sehr beliebt bei Kindern – ein leckeres Frühstück für den Kindergarten oder die Schule. Man kann die Hörnchen, sobald sie ausgekühlt sind, gut einfrieren und bei Bedarf kurz in der Mikrowelle auftauen (nicht zu heiß werden lassen). Auch Füllungen aus Marmelade, Bitterschokolade oder Erdnussbutter schmecken sehr gut.

Marzipan-Marmeladen-Schnecken

Die Schnecken aus Hefeteig sind raffiniert gewickelt und ein Genuss für die Kaffeetafel: Das feine Mandelaroma passt wunderbar zu ihrer leichten Süße.

- Das Mehl in eine Schüssel geben, in die Mitte eine Vertiefung drücken, die Hefe hineinbröckeln und mit 1 Esslöffel Zucker, 1/8 l lauwarmem Sprudelwasser und ein wenig Mehl verrühren. Den Vorteig zugedeckt an einem warmen Ort etwa 15 Min. gehen lassen.
- Die Margarine zerlassen und mit dem restlichen Zucker und dem Salz unter das Mehl und den Vorteig kneten. Nach und nach soviel Sprudelwasser zugeben, bis ein geschmeidiger, nicht klebender Hefeteig entsteht. Teig vor dem Backen noch einmal 30 Min. gehen lassen.
- Den Teig auf einer bemehlten Arbeitsfläche zu zwei großen Fläche ausrollen (20 × 50 cm). In einer Schüssel die Marzipanrohmasse, die Margarine und die Marmelade miteinander vermengen. Sollte das Marzipan zu fest sein, einfach kurz in der Mikrowelle anwärmen (nicht kochen lassen).
- Zu einer Creme verrühren und mit einem Messer gleichmäßig auf die Teigplatten streichen. Langsam zu einer großen Rolle aufrollen und mit einem Messer etwa 2 cm breite Stücke abschneiden. Die Schnecken mit der Schnittfläche nach oben auf ein mit Backpapier ausgelegtes Backblech legen.
- Im 200 Grad (Umluft 180 Grad) heißen Backofen etwa 10 bis 15 Min. backen. Auskühlen lassen. Den Puderzucker mit wenig Wasser zu einem Zuckerguss vermischen und die Schnecken damit bepinseln.

Tipp

Die Schnecken können Sie auch ohne Marzipan und nur mit Marmelade oder einem milchfreien Schokoaufstrich oder dunkler Kuvertüre zubereiten. Sie lassen sich gut einfrieren und sind besonders bei Kindern sehr beliebt.

ca. 10 Stück · braucht etwas mehr Zeit

Grundrezept Hefeteig:

500 g	Mehl
1	Würfel Hefe
4 EL	Zucker
1/4 l	lauwarmes Sprudelwasser
125 g	Margarine (milchfrei)
1	Prise Salz

Füllung:

100 g	Marzipan
2 TL	Margarine (milchfrei)
50 g	Marmelade
100 g	Puderzucker

Haferkekse

Kaum zu glauben, dass man aus einfachen Haferflocken so tolle Kekse backen kann.

- Die Margarine im Topf schmelzen. Rohrzucker, Honig und Salz darunter mischen und vom Herd nehmen. Walnüsse hacken und mit den übrigen Zutaten unter die Haferflocken mischen. Alles gut miteinander verrühren.

- Die Masse etwa 1 cm dick auf ein gefettetes Backblech streichen und glatt drücken (ideale Blechgröße: 29 × 43 cm). In der Mitte des 180 Grad (Umluft 160 Grad) heißen Backofens 12 bis 15 Min. backen. Kurz abkühlen lassen und noch warm in Rauten oder Rechtecke schneiden.

1 kleines Blech · geht schnell

200 g	Margarine (milchfrei)
120 g	Rohrzucker
4 EL	Honig
125 g	Walnüsse
1/4 TL	Salz
275 g	kernige Haferflocken

MEHR WISSEN

Weihnachtszeit – nicht ganz unproblematisch für Allergiker

Gerade in der Weihnachtszeit gibt es zahlreiche Leckereien wie Anisplätzchen oder Zimtsterne, die typische Wintergewürze wie z.B. Zimt oder Nelken enthalten. Genau diese Zutaten können für Allergiker jedoch problematisch werden – nicht nur für Nahrungsmittelallergiker. Personen, die auf bestimmte Pollen allergisch reagieren, leiden auch sehr oft an einer Kreuzallergie gegen bestimmte Nahrungsmittel.

So ist es durchaus möglich, dass eine Person, die eigentlich nur eine Allergie gegen Birkenpollen hat, mit Heuschnupfen und Augenjucken auf Anisplätzchen reagiert. Bitte beachten Sie, dass gerade in Weihnachtsgebäck wie Lebkuchen, aber auch in Heißgetränken wie Glühwein, zahlreiche Gewürze enthalten sind. Aber nicht nur die Gewürze können zum Problem werden. Möchte z.B. ein Milch- und Ei-Allergiker Weihnachtsgebäck (Kekse, Stollen usw.) kaufen, wird er, bis auf wenige Ausnahmen, im Reformhaus nichts finden. Aus diesem Grunde ist Kreativität Ihr größtes Gut. Versuchen Sie, „normale“ Rezepte umzubauen.

Pollen	Nahrungsmittel
Birke, Hasel, Erle	Haselnuss, Walnuss, Erdnuss, Mandel, Apfel, Birnen, Curry, Karotten, Tomaten
Gräser/Getreide	Getreide-Mehle, Erdnuss, Erbsen, Soja
Kräuter (Beifuß)	Curry, Kümmel, Anis, Muskat, Ingwer, Zimt, Kamille

Marzipan

Marzipan schmeckt nicht nur in der Weihnachtszeit, sondern eignet sich prima als Füllung für Teilchen oder als Geschmackskomponente von Rühr- und Mürbteigen.

ca. 500 g · braucht etwas mehr Zeit

250 g	süße Mandeln
15 g	bittere Mandeln
250 g	Zucker
	Rosenwasser

- Die Mandeln mit kochendem Wasser übergießen, die Haut abziehen und an der Luft trocknen lassen. In zwei bis drei Durchgängen Mandeln mit Zucker durch ein feines Mahlwerk treiben.
- Nur so viel Rosenwasser unterkneten, bis das Marzipan glatt ist und kaum mehr klebt. Nach Belieben ausrollen, ausstechen und im Backofen bei niedriger Temperatur (etwa 120 Grad) für 15 bis 20 Min. backen.

MEHR WISSEN

Bittersüß

Die bei uns erhältlichen Mandeln stammen vorwiegend aus Spanien und aus Kalifornien, wo sie ganzjährig angebaut werden. Es wird unterschieden in süße und bittere Mandeln. Bittere Mandeln sind aufgrund ihres besonderen Aromas bei Rezepten wie z.B. für Marzipan unerlässlich, doch sie enthalten Blausäure und sind roh verzehrt bereits in geringen Mengen giftig. Süße und bittere Mandeln sind äußerlich schwer voneinander zu unterscheiden und wachsen zum Teil auf dem gleichen Baum. Auf einen Teil süße Mandeln dürfen wegen der Gesundheitsgefahr nicht mehr als 5 Prozent bittere Mandeln kommen. Der Anteil Bittermandeln liegt bei den im Supermarkt erhältlichen Portionen nicht über 2 Prozent und Kalifornien und Spanien haben ihre Plantagen heute so weit kultiviert, dass sie zu 100 Prozent süße Mandeln ernten.

Ruck-Zuck-Kekse

Kneten, kühlen, ausstechen – mehr Arbeit machen die flotten Plätzchen nicht. Ideal, um sie zusammen mit kleinen Kindern zu backen.

- Aus der kalten Margarine, Zucker und Mehl schnell einen Mürbteig kneten. Etwa 1 Stunde in Frischhaltefolie gewickelt im Kühlschrank ruhen lassen. Teig portionsweise auf einer bemehlten Arbeitsfläche ausrollen und Kekse ausstechen. Bei etwa 175 Grad (Umluft 160 Grad) 10 Min. goldgelb backen.

ca. 50 Stück · geht schnell

200 g	Margarine (milchfrei)
100 g	Zucker
300 g	Mehl

Baseler Leckerli

Ein edler Klassiker, den Sie in einer hübschen Dose verpackt auch ideal verschenken können. Da freuen sich auch Nichtallergiker.

- Orangeat und Zitronat in etwa 3 mm große Würfel schneiden. Honig und Zucker in einer Pfanne auflösen. Die Mandeln mit einem Messer ungeschält in lange Stifte hacken und zu der Honigmasse geben (nicht kochen lassen).
- Mehl mit dem Hirschhornsalz und der Pottasche auf ein Backbrett geben, in die Mitte eine große Vertiefung drücken. Darin Orangeat, Zitronat, alle Gewürze, die Zitronenschale und die Hälfte des Zitronensafts, Kirsch- oder Zwetschgenschnaps geben.
- Die warme Honig-Mandel-Masse löffelweise dem Mehl hinzufügen und gut verkneten. Den Teig in zwei Teilen auf einem gefetteten und bemehlten Backblech etwa ½ cm dick ausrollen. Im 180 Grad (Umluft 160 Grad) heißen Backofen etwa 15 Min. hellbraun backen.
- Aus dem Ofen nehmen und auf dem Blech noch warm in kleine Vierecke schneiden. Aus dem gesiebten Puderzucker und dem restlichen Zitronensaft einen dickflüssigen Zuckerguss anrühren und die Leckerli damit bepinseln.

Für 2 Backbleche · gelingt leicht

75 g	Orangeat
750 g	Honig
500 g	Zucker
375 g	Mandeln
875 g	Mehl
2 TL	Hirschhornsalz
2 TL	Pottasche
75 g	Zitronat
30 g	Zimt
1	Prise Nelken, gemahlen
1	gestr. TL Muskatnuss, frisch gerieben
	Schale von ½ Zitrone
	Saft von 1 Zitrone
2 EL	Kirsch- oder Zwetschgenwasser
150 g	Puderzucker

▲ Christmas Cookies

Christmas Cookies

Nicht nur zu Weihnachten, aber vor allem in der gemütlichen Zeit des Jahres, passen die schokoladigen Cookies gut zu einer Tasse Kaffee oder Tee.

- Margarine mit beiden Zuckersorten schaumig rühren. Vanillezucker und Bindobin hinzufügen. Das mit dem Backpulver und Salz gemischte Mehl unterrühren und die gehackten Haselnüsse und die Schokoladentröpfchen einarbeiten.
- Mit zwei Teelöffeln kleine Häufchen nicht zu dicht nebeneinander auf ein ungefettetes Backblech setzen. Im 175 Grad (Umluft 160 Grad) heißen Backofen 12 bis 14 Min. goldbraun backen.

50 Stück · geht schnell

150 g Margarine (milchfrei)
100 g Zucker
80 g brauner Rohrzucker
2 Pä Vanillezucker
1 ML Bindobin (aus dem Reformhaus)
½ TL Backpulver
¼ TL Salz
180 g Mehl
100 g Haselnüsse, gehackt
150 g Schokoladentröpfchen, zartbitter (milchfrei)

Braune Kuchenfiguren

Backen Sie Ihre Weihnachtsmitbringsel einfach selbst: Die hübschen Kuchenfiguren schmecken nach Zimt, Nelken und Kardamom.

- Zuckerrübensirup, Schmalz und Zucker unter Rühren erhitzen und abkühlen lassen. Mehl, Speisestärke, Backpulver, Zitronenschale und die Gewürze miteinander vermischen. Sirup unterrühren und alles zu einem glatten Teig verkneten.
- Zwei bis drei Tage zugedeckt im Kühlschrank ruhen lassen. Teig messerrückendick auf einer bemehlten Arbeitsfläche ausrollen. Figuren ausstechen. Backblech mit Backpapier auslegen und die Plätzchen darauf bei 200 Grad 8 bis 10 Min. backen.

Für 3–4 Bleche · gut vorzubereiten

375 g Zuckerrübensirup
100 g Schmalz (ohne Grieben und ohne Knoblauch)
50 g Zucker
500 g Mehl
125 g Speisestärke
1 Pä Backpulver
abgeriebene Schale von 1 Zitrone
1 TL Zimt
1 TL Nelken, gemahlen
1 TL Kardamom, gemahlen

Cognac-Ringe

ca. 70 Stück · gelingt leicht

250 g	Margarine (milchfrei)	360 g	Mehl
120 g	Puderzucker	30 g	Kakao
1 EL	Cognac	50 g	Mandeln, grob gehackt
1	Prise Salz		

- Margarine und Puderzucker schaumig schlagen und Cognac und Salz hinzufügen. Löffelweise das Mehl und den Kakao unterrühren. Die Teigmasse muss so geschmeidig sein, dass man sie leicht aufs Blech spritzen kann. Wenn der Teig zu fest ist, etwas mehr Cognac dazugeben.

- Die Teigmasse in den Spritzbeutel oder eine Teigspritze füllen und auf ein gefettetes Backblech Ringe spritzen. Mit grob gehackten Mandeln bestreuen. Im 175 Grad (Umluft 160 Grad) heißen Backofen auf der mittleren Schiene etwa 10 bis 12 Min. hellbraun backen. Erst leicht abkühlen lassen, dann herunternehmen und auf einem Kuchengitter vollständig auskühlen lassen.

Heidesand

ca. 70 Stück · preisgünstig

250 g	weiche Margarine (milchfrei)	125 g	Mandeln, geschält und gemahlen
140 g	Zucker	400 g	Mehl
50 g	Puderzucker	1	Vanilleschote
1 Pä	Vanillezucker		

- Die möglichst weiche Margarine mit 80 g Zucker, Puderzucker und Vanillezucker cremig aufschlagen. Mandeln und Mehl vermischen und unter die Masse kneten. Teig zu Rollen (Ø 5 cm) formen und in Frischhaltefolie gewickelt am besten über Nacht im Kühlschrank ruhen lassen.

- Teigrollen in 1 cm dicke Scheiben schneiden, auf ein mit Backpapier ausgelegtes Backblech setzen und im 190 Grad (Umluft 170 Grad) heißen Backofen 10 bis 15 Min. backen. Die Vanilleschote der Länge nach aufschneiden und das Vanillemark herauskratzen. Unter den restlichen Zucker mischen und die heißen Plätzchen im Vanillezucker wälzen.

Orangen-Mandeltaler

ca. 50 Stück · braucht etwas mehr Zeit

125 g	Margarine (milchfrei)
100 g	Zucker
	abgeriebene Schale von 2 Orangen
	Saft einer ½ Orange
1 Prise	Salz
2 EL	Orangenlikör
200 g	Mehl
75 g	Mandeln, gehackt
100 g	Puderzucker

- Margarine schmelzen, leicht bräunen und in einer Schüssel abkühlen lassen. Sobald die Margarine wieder fest wird, schaumig rühren und dabei Zucker, die Hälfte der Orangenschale, das Salz und 1 Esslöffel Likör hinzufügen.
- Das Mehl unterkneten, den Teig zu zwei Rollen von etwa 20 cm Länge formen und in den Mandeln wälzen. Vorsichtig in Frischhaltefolie gewickelt etwa 1 Stunde im Kühlschrank ruhen lassen. ½ cm dicke Scheiben von der Rolle abschneiden und im 200 Grad (Umluft 180 Grad) heißen Backofen etwa 10 Min. backen.
- Den Orangensaft mit dem gesiebten Puderzucker und dem restlichen Likör zu einem Guss verrühren. Auf die Plätzchen streichen mit der restlichen Orangenschale verzieren.

Pistazienherzen

60 Stück · gelingt leicht

50 g	Pistazien
125 g	Margarine (milchfrei)
60 g	Zucker
150 g	Mehl
1 ML	Bindobin
½	Fläschchen Butter-Vanille-Aroma
50 g	Halbbitter-Kuvertüre (milchfrei)

- Die Pistazien mahlen und 1 Teelöffel beiseite stellen. Margarine in Flöckchen, Zucker, Mehl, Bindobin, Aroma und Pistazien zu einem glatten Teig kneten. In Frischhaltefolie gewickelt 30 Min. im Kühlschrank ruhen lassen.
- Teig auf einer bemehlten Arbeitsfläche etwa 5 mm dick ausrollen. Herzen ausstechen und auf ein mit Backpapier ausgelegtes Backblech legen. Etwa 8 Min. im 200 Grad (Umluft 180 Grad) heißen Backofen backen.
- Kuvertüre im Wasserbad schmelzen. Herzen zur Hälfte in die Kuvertüre tauchen und mit den restlichen Pistazien bestreuen.

Zitronenbrezeln

Die Brezeln brauchen etwas mehr Zeit in der Zubereitung, aber der Aufwand lohnt – sie sind schön mürbe, mit feinem Zitronenaroma.

30–40 Stück · braucht etwas mehr Zeit

50 g	Speisestärke
200 g	Mehl
100 g	Zucker
1 ML	Bindobin (aus dem Reformhaus)
½	abgeriebene Schale von Zitrone
	Saft von 1 Zitrone
125 g	Margarine (milchfrei)
50 g	Zitronat
100 g	Puderzucker

- Speisestärke und Mehl in eine Schüssel geben und mit Zucker und Bindobin mischen. Die Zitronenschale, 3 EL Zitronensaft und die weiche Margarine hinzufügen. Mit einem Handrührgerät verkneten. Den Teig in Frischhaltefolie gewickelt 1 Stunde im Kühlschrank ruhen lassen.
- 20 cm lange, bleistiftdicke Rollen formen und zu Brezeln zusammenlegen. Auf einem mit Backpapier ausgelegten Backblech im 190 Grad heißen (Umluft 175 Grad) Backofen etwa 15 bis 17 Min. backen.
- Brezeln auf einem Rost erkalten lassen. Zitronat fein hacken und aus dem Puderzucker und etwas Zitronensaft einen Zitronenguss mischen. Die Brezeln mit dem Guss überziehen und mit Zitronat bestreuen.

Tipp

Für dieses Rezept brauchen Sie ein wenig Geduld, denn die Brezeln sind sehr mürbe, d.h. die Rollen brechen schnell auseinander. Mürbteig muss außerdem kalt sein. Am besten lassen Sie immer den Teil des Teiges im Kühlschrank, bevor Sie ihn weiterverarbeiten.

SO WIRD'S GEMACHT

Kekse richtig aufbewahren

- Kekse auf einem Kuchenrost stets vollständig abkühlen lassen.
- Kekse je nach Sorte in gut schließende Blechdosen geben, damit sich die Aromen nicht vermischen.
- Um ein Zusammenkleben zu vermeiden, zwischen die einzelnen Lagen Kekse Butterbrotpapier legen.
- Knusprige Kekse sofort nach dem Abkühlen in einer gut schließenden Dose aufbewahren.
- Gebäcke, die weich werden sollen, wie z.B. Lebkuchen oder Printen, einige Tage an der Luft stehen lassen und dann in Blechdosen oder Steinguttöpfen lagern.
- Stollen und feste Kuchen werden in Folie verpackt, nachdem sie vollkommen abgekühlt sind. Kühl lagern.
- Kekse lassen sich außerdem gut einfrieren – am besten vakuumverpackt in Gefrierbeuteln.

Schneetaler

Wem Vanillekipferl zu langweilig sind, sollte einmal die mürben Schneetaler probieren.

70 Stück · preisgünstig

300 g	Mehl
100 g	Zucker
2 Pä	Vanillezucker
275 g	Margarine (milchfrei)
100 g	Mandeln, gemahlen (oder Haselnüsse)
50–75 g	Puderzucker

- Mehl in eine Schüssel geben und in die Mitte eine Vertiefung drücken. Zucker und 1 Päckchen Vanillezucker, die in Stücke geschnittene gekühlte Margarine und die Mandeln hinzufügen. Mit etwas Mehl bedecken und schnell zu einem glatten Teig verarbeiten.
- Den Teig portionsweise ausrollen, mit einer runden Form ausstechen und aufs gefettete Backblech legen. Im 175 bis 200 Grad (Umluft 150 bis 180 Grad) heißen Backofen etwa 8 bis 10 Min. backen.
- Kekse auf einem Kuchengitter auskühlen lassen. Puderzucker sieben, mit dem restlichen Vanillezucker mischen und die noch warmen Kekse darin wälzen.

Stollen-Kekse

Warum immer Stollen am Stück backen – die kleinen Zöpfe passen viel besser auf den Plätzchenteller.

25–30 Stück · braucht etwas mehr Zeit

75 g	Rosinen
30 g	Marzipanrohmasse
250 g	Margarine (milchfrei)
100 g	Zucker
375 g	Mehl
1 ML	Bindobin (aus dem Reformhaus)
1 Pä	Vanillezucker
1 Pä	Früchte-Mix gewürfelt (z.B. von Schwartau)
	Puderzucker

- Rosinen und Marzipan fein hacken. Margarineflöckchen mit Zucker, Mehl, Bindobin, Vanillezucker, Rosinen und Marzipan zu einem glatten Teig verkneten. Teig in Frischhaltefolie gewickelt 30 Min. im Kühlschrank ruhen lassen.
- Auf bemehlter Arbeitsfläche zu einer langen Rollen formen (Ø 2 cm). Diese in 10 cm lange Stücke schneiden. Je zwei Stränge miteinander verwickeln. Auf ein mit Backpapier ausgelegtes Backblech legen und im 175 Grad (Umluft (160 Grad) heißen Backofen etwa 15 Min. backen. Nach dem Abkühlen mit Puderzucker bestäuben.

Honigkuchen

Ein himmlischer Honigkuchen, bei dem man selbst in der Weihnachtszeit nach Herzenslust zugreifen darf – er ist von Natur aus fettarm.

1 Blech · braucht etwas mehr Zeit

175 g	Honig
50 g	Zucker
50 g	Margarine (milchfrei)
250 g	Mehl
1 Pä	Zitroback (z.B. von Schwartau)
1 EL	Kakao
1 Msp.	Nelken, gemahlen
1 Msp.	Kardamom, gemahlen
3 TL	Backpulver
50 g	Orangeat
50 g	Korinthen
150 g	Mandeln, gemahlen
2–3 EL	Mandeln
1–2 EL	Zitronensaft
100 g	Puderzucker
ca. 30	Belegkirschen

- Honig, Zucker, Margarine und 2 Esslöffel Wasser langsam erhitzen, bis sich alles aufgelöst hat. Mehl, Zitroback, Kakao, Nelken, Kardamom und Backpulver miteinander vermischen und $^2/_3$ davon in das Honig-Gemisch rühren.

- Orangeat und Korinthen fein hacken und zusammen mit den gemahlenen Mandeln zum Teig geben und gut verkneten. Anschließend den Rest des Mehlgemischs unterkneten.

- Teig auf einer bemehlten Arbeitsfläche ungefähr ½ cm dick ausrollen, und auf einem mit Backpapier ausgelegten Backblech etwa 12 bis 15 Min. im 180 Grad (Umluft 160 Grad) heißen Backofen backen.

- Mandeln mit heißem Wasser überbrühen und häuten. Der Länge nach halbieren. Den Zitronensaft mit dem gesiebten Puderzucker vermischen. Den noch warmen Honigkuchen in Rechtecke schneiden und die Stücke mit dem Guss bepinseln. Mit Mandeln und Kirschen verzieren.

Rosinen-Marzipan-Stollen

Ein Klassiker zu Weihnachten, der genauso schmeckt, wie ein Stollen schmecken soll.

1 Stollen · gelingt leicht

1 ML	Bindobin (aus dem Reformhaus)
3 EL	Sojamilch
500 g	Mehl
1	Würfel Hefe
100 g	Honig
190 g	Margarine (milchfrei)
1	Prise Salz
2 TL	Orangeback
2 TL	Zitroback
250 g	Rosinen
250 g	Marzipan-Rohmasse
	Puderzucker

- Bindobin in 100 ml Wasser auflösen. Die Sojamilch und 3 Esslöffel Wasser leicht erwärmen. Das Mehl in eine Schüssel geben, in die Mitte eine Vertiefung drücken und die Hefe hineinbröckeln und mit etwas Honig, der Sojamilch-Wasser-Mischung und ein wenig Mehl verrühren. Den Vorteig zugedeckt an einem warmen Ort etwa 15 Min. gehen lassen.

- Restlichen Honig, 150 g Margarine, Salz, Orangeback und Zitroback und aufgelöstes Bindobin um den Vorteig in der Schüssel platzieren. Zutaten von außen nach innen verkneten, bis ein geschmeidiger Teig entsteht. Zugedeckt an einem warmen Ort etwa 1 Stunde gehen lassen, bis er sein Volumen verdoppelt hat.

- Nochmals durchkneten und die Rosinen einarbeiten. Teig auf einer bemehlten Arbeitsfläche zu einem 4 bis 5 cm dicken Oval ausrollen, Marzipan zu einer Rolle formen und längs auf den Teig legen. Den Teig so zu einem Stollen aufrollen, dass der untere Teil des Teiges etwas übersteht. Den Stollen auf ein gefettetes Backblech setzen und zugedeckt nochmals 20 Min. gehen lassen.

- Im 180 Grad (Umluft 160 Grad) heißen Backofen etwa 1 Stunde backen. Noch heiß mit 2 Esslöffeln flüssiger Margarine bestreichen und mit Puderzucker bestäuben.

▲ Süße Brezeln

Süße Brezeln

8–10 Brezeln · braucht etwas mehr Zeit

- 500 g Mehl
- 1 Würfel Hefe
- 1 Tasse Zucker
- ¼ l Soja- oder Reismilch, evtl. auch Wasser
- 1 kräftige Prise Salz
- körniges Salz zum Bestreuen
- 3 EL Natron

- Das Mehl in eine Schüssel geben, in die Mitte eine Vertiefung drücken, die Hefe hineinbröckeln mit etwas Zucker, 1/8 l lauwarmer Sojamilch und ein wenig Mehl verrühren. Den Vorteig zugedeckt an einem warmen Ort etwa 15 Min. gehen lassen.

- Die restliche Sojamilch, den Zucker und das Salz dazugeben und alles unter das Mehl und den Vorteig kneten. Aus dem Teig bleistiftdicke Stränge von etwa 30 cm Länge rollen und zu Brezeln formen. Nicht zu dicht nebeneinander auf ein mit Backpapier ausgelegtes Backblech legen und zugedeckt 15 Min. an einem warmen Ort gehen lassen.

- Natron in 1 Liter kochendem Wasser auflösen. Die Brezeln mit einem Schaumlöffel in die kochende Lauge geben. Sobald sie wieder an die Oberfläche kommen, herausnehmen und zurück auf das Backblech legen. Mit körnigem Salz bestreuen und im 220 Grad (Umluft 200 Grad) heißen Backofen 15 bis 20 Min. backen.

Tipp

Natron können Sie im Supermarkt kaufen. Dort finden Sie es meist als Kaiser-Natron im Gewürzregal.

Laugengebäck

8–10 Brezeln · braucht etwas mehr Zeit

- 500 g Mehl
- 1 Würfel Hefe
- ½ Tasse Zucker
- 1 TL Salz
- körniges Salz zum Bestreuen
- 3 EL Natron

- Das Mehl in eine Schüssel geben, in die Mitte eine Vertiefung drücken, die Hefe hineinbröckeln und mit etwas Zucker, 150 ml lauwarmem Wasser und ein wenig Mehl verrühren. Den Vorteig zugedeckt an einem warmen Ort etwa 15 Min. gehen lassen.

- Den restlichen Zucker, weitere 100 bis 150 ml Wasser und das Salz unter das Mehl und den Vorteig kneten. Den Teig in etwa 12 Teile teilen. Je nach Wunsch Brezeln, Brötchen oder Hörnchen formen. Die Teiglinge nochmals zugedeckt an einem warmen Ort 15 Min. gehen lassen.

- Natron in 1 Liter kochendem Wasser auflösen. Die Teiglinge mit einem Schaumlöffel in die kochende Lauge geben. Sobald sie wieder an die Oberfläche kommen, herausnehmen und auf ein mit Backpapier ausgelegtes Backblech legen. Die Brötchen kreuzweise mit einem scharfen Messer einschneiden.

- Mit körnigem Salz bestreuen und im 220 Grad (Umluft 200 Grad) heißen Backofen 15 bis 20 Min. backen.

Tipp

Bei einer Backzeit von 15 Min. wird das Laugengebäck eher weich, nach 20 Min. schön knusprig.

Wasserwecken

Ob zum Frühstück oder Abendbrot – die Wasserwecken sind herrlich knusprig und schmecken mit Marmelade oder herzhaftem Belag.

4 Portionen · preisgünstig

- 250 g Weizenmehl Typ 405
- 250 g Weizenmehl Typ 1050
- 1 Pä Trockenhefe
- 3 EL Öl
- 2 TL Salz

Wichtig: Viele Bäcker verkaufen so genannte „Wasserwecken". Fragt man aber kritisch nach, erfährt man sehr oft, dass sie doch Milcheiweiß enthalten und zu guter Letzt noch mit Ei bepinselt sind.

- Die beiden Mehlsorten und die Hefe in einer großen Schüssel miteinander mischen. ¼ l Wasser mit dem Öl und 1 TL Salz in einem Topf langsam erhitzen, bis die Mischung lauwarm ist.
- Die Flüssigkeit zum Mehl gießen und alles zu einem glatten Teig verkneten. 8 bis 10 Min. kräftig durchkneten. Aus dem Hefeteig etwa zehn ovale Brötchen formen und diese auf ein gefettetes, bemehltes Backblech legen. Zugedeckt an einem warmen Ort mindestens 1 bis 1½ Stunden gehen lassen.
- Brötchen mit einem angefeuchteten Messer längs einschneiden. In einer ½ Tasse Wasser 1 TL Salz auflösen und damit die Wecken bepinseln. Im 170 Grad (Umluft 155 Grad) heißen Backofen 30 Min. knusprig backen.

MEHR WISSEN

Von 405 bis 1800

Von Weizen und Roggen, den meist verzehrten Mehlsorten, sind unterschiedliche Sorten erhältlich. Die Zahlen, also z.B. Weizenmehl „Type 405" drücken aus, wie hoch der Anteil an Randschichten im Mehl ist. Das so übliche „Type 405" besteht nur aus dem stärkehaltigen Mehlkern und besitzt kaum Anteile der Randschichten. Mit höherer Zahl wächst auch der Anteil an Randbestandteilen. Das Mehl mit dem höchsten Randschichtenanteil ist das mit der „Type 1700". Dunklere Mehle eignen sich für Brot, da es besonders lange saftig bleibt. Feines Gebäck und Kuchen schmecken vielen mit hellem Mehl am besten.

Roggenmehl gibt es nicht als „Type 405", sein geringster Anteil an Randschichten heißt „Type 610", sein größter „Type 1800". Bei Vollkornmehlen werden zusätzlich noch die ölhaltigen Keime mitvermahlen.

Je höher die Typenzahl desto gesünder, aber auch desto leichter verderblich ist das Mehl. Insbesondere Vollkornmehl hält sich nur begrenzt, weil es Fett enthält, das schnell ranzig werden kann. Bewahren Sie Mehl stets trocken, dunkel und luftdicht verschlossen auf.

Einfaches Weißbrot

1 Brot · gelingt leicht

500 g Mehl
1 Würfel Hefe
1 TL Zucker
1 TL Salz
1 TL Margarine (milchfrei)
Fett für die Form

- Das Mehl in eine Schüssel geben, in die Mitte eine Vertiefung drücken, die Hefe hineinbröckeln und mit dem Zucker, 150 ml lauwarmem Wasser und ein wenig Mehl verrühren. Den Vorteig zugedeckt an einem warmen Ort etwa 15 Min. gehen lassen.
- Margarine, Salz, und 150 ml Wasser unter das Mehl und den Vorteig kneten. Mit einem Handrührgerät zu einem glatten Teig verkneten. Auf höchster Stufe etwa 3 Min. oder von Hand 5 Min. kneten.
- Teig zugedeckt an einem warmen Ort etwa 15 Min. gehen lassen. Teig durchkneten und in eine gefettete Kastenform füllen. Form mit einem Tuch abdecken und noch einmal 30 Min. gehen lassen. Danach sollte der Teig sich fast verdoppelt haben.
- Den Teig der Länge nach mit einem befeuchteten Messer 1 cm tief einschneiden. Im 225 Grad (Umluft 190 Grad) heißen Backofen auf der mittleren Schiene 40 Min. backen. Nach dem Backen das Brot aus der Form nehmen und erst nachdem es vollständig ausgekühlt ist, anschneiden.

Pizzateig

1 Blech · gelingt leicht

500 g Mehl
2 TL Salz
1 TL Zucker
1 EL Öl
1 Pä Trockenhefe

- Mehl, Salz, Zucker, Öl, Hefe und 300 ml lauwarmes Wasser zu einem glatten Teig verkneten. Der Teig klebt sehr – aber das ist erwünscht. Zu einer Kugel formen und 1 Stunde zugedeckt an einem warmen Ort gehen lassen. Anschließend ausrollen und nach Belieben belegen.
- Im 200 Grad (Umluft 180 Grad) heißen Backofen auf der mittleren Schiene etwa 20 Min. backen.

Tipp

Bereiten Sie gleich die doppelte Menge zu und formen Sie kleine Pizzaböden, belegen Sie diese schon nach Wunsch und backen Sie diese nur wenige Minuten, bis der Teig aufgeht. Frieren Sie die vorgebackenen Pizzaböden einzeln ein. Sie werden bei Bedarf aufgetaut, belegt und im 200 Grad (Umluft 180 Grad) heißen Backofen etwa 10 Min. gebacken.

Herzhaftes Nussbrot

1 Brot · geht schnell

250 g	Speisestärke
30 g	frische Hefe
2 EL	Zucker
100 g	Haselnüsse, gerieben
1 ML	Bindobin (aus dem Reformhaus)
20 g	Sesam
1 TL	Salz
1 TL	Backpulver
	Fett für die Form

- Die Speisestärke in eine Schüssel geben, in die Mitte eine Vertiefung drücken, die Hefe hineinbröckeln und mit 1 Esslöffel Zucker, 100 ml lauwarmem Wasser und ein wenig Stärke verrühren. Den Vorteig zugedeckt an einem warmen Ort etwa 15 Min. gehen lassen.
- Restlichen Zucker, Nüsse, Bindobin, Sesam, Salz und Backpulver mischen und zum Vorteig geben. 300 ml lauwarmes Wasser hinzufügen und mit dem Schneebesen in die Stärkmischung einrühren.
- Den Teig in eine gefettete Kastenform füllen und zusammen mit einer Tasse Wasser in den kalten Backofen stellen. Im 200 bis 225 Grad (Umluft 180 bis 200 Grad) heißen Backofen etwa 70 bis 80 Min. backen.

Kümmelbrot

1 Brot · geht schnell

675 g	feines Weizenvollkornmehl
30 g	frische Hefe
1 TL	Zucker
1 TL	Salz
1 TL	Kümmel
	Fett für die Form

- Das Mehl in eine Schüssel geben, in die Mitte eine Vertiefung drücken, die Hefe hineinbröckeln und mit 1 Teelöffel Zucker, 150 ml lauwarmem Wasser und ein wenig Mehl verrühren. Den Vorteig zugedeckt an einem warmen Ort etwa 15 Min. gehen lassen.
- Salz, Kümmel und 350 ml Wasser unter das Mehl und den Vorteig kneten. Mit einem Handrührgerät zu einem glatten Teig verkneten. Den Teig in eine leicht mit Margarine gefettete Kastenform geben, glatt drücken und mit einem Messer etwa ½ cm tief einschneiden.
- Das Brot in den nicht vorgeheizten Ofen auf das untere Rost stellen. 15 bis 20 Min. bei 50 Grad (Umluft 45 Grad) gehen lassen und danach 40 bis 45 Min. bei 225 Grad (Umluft 200 Grad) ausbacken.

Tipp

Sie können auch weißes Mehl (Type 405) verwenden, aber mit Weizenvollkornmehl schmeckt das Kümmelbrot herzhafter.

Apfelbrot

Wunderbar saftig und fruchtig ist das Apfelbrot. Es hält lange frisch und ist nicht so fettreich wie Kuchen.

1 Brot · gelingt leicht

750 g	Äpfel
200 g	Honig
200 g	Rosinen
125 g	Haselnüsse
1 TL	Zimt
1 EL	Kakao
1	Prise Nelken, gemahlen
1 cl	Calvados
500 g	Vollkornmehl
1 Pä	Backpulver
	Fett für die Form

- Die Äpfel abspülen, vom Kerngehäuse befreien und in kleine Würfel schneiden. Mit dem Honig vermengen und über Nacht ziehen lassen.
- Rosinen, Haselnüsse, Gewürze, Calvados, Mehl und Backpulver mit den Äpfeln vermischen und zu einem geschmeidigen Teig kneten. Teig in eine gefettete Kastenform füllen und im 175 Grad (Umluft 160 Grad) heißen Backofen 1½ Stunden backen.

Tipp

Kristallisierter Honig wird wieder wunderbar flüssig, wenn Sie ihn vorsichtig erhitzen – am besten im Wasserbad. Vorsicht: In der Mikrowelle kann der Honig schnell zu heiß werden.

Maisbrot

Das Maisbrot passt ideal zu Gemüsevorspeisen und schmeckt leicht angeröstet herrlich mit Tomaten, eingelegter Paprika und Olivenöl.

1 Brot · braucht etwas mehr Zeit

300 g	Weizenmehl
20 g	frische Hefe
1 TL	Zucker
200 g	Maismehl
½ TL	Salz
	Fett für die Form

Wichtig: Falls Sie grob gemahlenen Mais verwenden, sollten Sie ihn unbedingt über Nacht einweichen, damit das Brot nicht zu trocken wird.

- Das Weizenmehl in eine Schüssel geben, in die Mitte eine Vertiefung drücken, die Hefe hineinbröckeln und mit 1 Teelöffel Zucker, $^1/_8$ l lauwarmem Wasser und ein wenig Mehl verrühren. Den Vorteig zugedeckt an einem warmen Ort etwa 15 Min. gehen lassen.
- Maismehl, Salz und ¼ l Wasser unter das Mehl und den Vorteig kneten. Mit den Knethaken des Handrührgeräts zu einem festen Teig kneten und zu einer Kugel geformt zugedeckt 30 Min. gehen lassen.
- Den Teig erneut durchkneten. Einen Laib formen, in eine gefettete Kastenform legen und zugedeckt etwa 1 Stunde gehen lassen. Die Oberfläche mit Wasser bepinseln und das Brot im 225 Grad (Umluft 200 Grad) heißen Backofen 50 bis 60 Min. backen. Noch heiß mit Wasser benetzen.

Französisches Baguette

Außen knusprig, innen locker und weich – backen Sie besser gleich mehrere Baguettes, denn sie sind schneller verputzt als man denkt.

2 Brote · braucht etwas mehr Zeit

500 g	Mehl
1	Würfel Hefe
2 TL	Zucker
1 TL	Salz
	Öl

- Das Mehl in eine Schüssel geben, in die Mitte eine Vertiefung drücken, die Hefe hineinbröckeln und mit 2 Teelöffeln Zucker, 150 ml lauwarmem Wasser und ein wenig Mehl verrühren. Den Vorteig zugedeckt an einem warmen Ort etwa 15 Min. gehen lassen.

- Salz, und 100 ml Wasser unter das Mehl und den Vorteig kneten. Mit einem Handrührgerät zu einem elastischen Teig verkneten. Zu einer Kugel formen, in eine Schüssel legen und diese zugedeckt auf die offene Ofentür des 50 Grad heißen Backofens stellen. Dort ungefähr 45 Min. gehen lassen. Das Teigvolumen sollte sich verdoppeln.

- Anschließend den Teig auf einer bemehlten Arbeitsfläche kurz durchkneten. Die Teigmenge halbieren und jede Hälfte zu einem Rechteck von 15 × 30 cm ausrollen. Die längere Seite vor sich hinlegen und vom unteren Rand her eng einrollen. Dabei jedes Mal mit den Fingern den Teig fest andrücken. Zum Schluss die Abschlusskante auf der ganzen Länge fest zusammendrücken.

- Die beiden Brote mit dem Schlitz nach unten auf ein geöltes Backblech legen und erneut 30 Min. gehen lassen. Anschließend mit einem scharfen Messer schräg etwa 1 cm tief einschneiden.

- Ein Backblech auf den Boden des Backofens stellen. Die Brote großzügig mit Wasser bepinseln und im 220 Grad (Umluft 200 Grad) heißen Backofen auf mittlerer Schiene backen. Nach 5 Min. eine Tasse Wasser auf das Backblech gießen und die Ofentür schnell wieder schließen.

- Nach 10 Min. Backzeit die Ofentür kurz öffnen, um den Dampf anziehen zu lassen. Die Brote in weiteren 20 Min. fertig backen und auf dem Kuchengitter auskühlen lassen.

Griechisches Sesambrot

Wer Sesam mag, wird verrückt sein nach diesem herzhaften und lockeren Brot.

- Das Mehl in eine Schüssel geben, in die Mitte eine Vertiefung drücken, die Hefe hineinbröckeln (bzw. die Trockenhefe hineingeben) und mit dem Honig, 150 ml lauwarmem Wasser und ein wenig Mehl verrühren. Den Vorteig zugedeckt an einem warmen Ort etwa 15 Min. gehen lassen.
- Den Sesam in einer Pfanne ganz leicht anrösten. Bindobin, Salz, Öl, 150 ml Wasser und die Hälfte des Sesams unter das Mehl und den Vorteig kneten. Gut durchkneten und zugedeckt an einem warmen Ort etwa 45 Min. gehen lassen. Anschließend Teig nochmals kneten und zu einer Kugel formen.
- Mit beiden Daumen in die Mitte der Teigkugel ein Loch drücken und vorsichtig einen Ring formen. Mit lauwarmer Sojamilch bepinseln und mit etwas Sesam bestreuen. Nochmals 30 Min. gehen lassen. Im 200 Grad (Umluft 180 Grad) heißen Backofen 40 bis 50 Min. backen.

4 Portionen · gelingt leicht

500 g	feines Vollkornmehl
1	Würfel Hefe oder 1 Päckchen Trockenhefe
1 EL	Honig
100 g	Sesam
1 ML	Bindobin (aus dem Reformhaus)
1–2 TL	Salz
2 EL	Öl
	Sojamilch zum Bepinseln

Feste

Sie möchten gerne zu einem Fest einladen oder Freunde mit einem mehrgängigen Menü oder einem Büfett überraschen? Sicher wird auch Nicht-Allergikern schmecken, was Sie aus diesem Kochbuch zubereiten.

Für Feste mit größeren Gesellschaften oder zu Partys eignet sich besonders gut ein Büfett. Hier finden Sie kalte und warme Köstlichkeiten und Gerichte, die sie zum Teil schon am Vortag zubereiten können:

Verwöhnen Sie Ihre Gäste mit einem herrlich sommerlichen Menü:

Ein wärmendes Menü für eher kühle Tage:

▲ Eine festlich gedeckte Tafel gehört zu besonderen Anlässen dazu – genauso wie ein schönes Menü.

Nur das Beste für einen italienischen Abend:

Laue Temperaturen, eisgekühlter Weißwein, die besten Freunde sind eingeladen – perfekte Voraussetzungen für einen griechischen Grill-Abend:

Leckeres für den Kindergeburtstag:

Adressen

Selbsthilfegruppen

Deutscher Allergie- und Asthmabund (DAAB) e.V.

www.daab.de
Das Portal des Deutschen Allergie- und Asthmabundes e.V. (DAAB) informiert allgemeinverständlich zu Allergie, Asthma, Neurodermitis und selteneren Allergieformen. Die eigenen Aktivitäten (mobile Allergie-Information, Zeitschrift Allergie-Konkret und Hotline) werden präsentiert.
Fliethstraße 114
41061 Mönchengladbach
Tel.: 02161/81 49 40

Deutsche Hilfsorganisation Allergie und Asthma e.V.

Bonusstraße 32 · 21079 Hamburg
Tel.: 040/763 13 22

Deutsche Haut- und Allergiehilfe e.V.

www.dha-allergien.de
Gotenstraße 164 · 53175 Bonn
Tel.: 0228/36 79 10

Deutscher Neurodermitis Bund e.V.

Spaldingstraße 210 · 20097 Hamburg
Tel.: 040/23 08 10

Informationszentren

Allergie-Dokumentations- und Informationszentrum (ADIZ)

Kuranstalten u. Forschungsinstitute GmbH
www.adiz.de
Homepage des Allergie-Dokumentations- und Informationszentrums in Bad Lippspringe mit ständiger Ausstellung zum Thema Allergie. Information zu den Aktivitäten, assoziierten Verbänden und hilfreiche Links zu anderen Organisationen und Internetseiten.
Arminuspark 11 · 33175 Bad Lippspringe
Tel.: 05252/95 45 02

Beratungsstelle für Allergiker und Asthmatiker

Lacombletstraße 9 · 40239 Düsseldorf
Tel.: 0211/62 25 98

Stiftung Deutscher Polleninformationsdienst

www.pollenstiftung.de

Allgemeine und spezielle Allergie-Informationen

www.allergieinfo.de

Umfangreiche Datenbank mit breit gestreuten Informationen zu Allergie, Asthma, Neurodermitis und Umwelterkrankungen für Betroffene. Etwas unübersichtliche Gliederung, plakative Überschriften, vereinzelt unkritische Übernahme von Neuigkeiten und Werbung; zahlreiche hilfreiche Verknüpfungen und Verbindungen zu anderen Internet-Seiten.

www.atop.de

Ca. 6x/Jahr erscheinendes Internet-Journal mit gemischten Kurzbeiträgen unterschiedlicher Qualität aus verschiedensten Quellen zu Allergie-, Haut- und umweltmedizinischen Fragen, Produkten und allgemeinen Neuigkeiten.

www.ahaswiss.ch

Hinter dieser Adresse verbirgt sich das Schweizerische Zentrum f. Allergie, Haut u. Asthma, einer Patientenorganisation (Stiftung), die sich als Schnittstelle zwischen Ärzten und Patienten versteht. Allgemeinverständliche und gesicherte Informationen zu allergischen Erkrankungen wurden als PDF-Dateien aufbereitet und können kostenfrei heruntergeladen werden.

www.milchzuckerfrei.de

bei Lactose-Intoleranz

Im Internet einkaufen bei:

www.pure-narture.de
www.allergie-shopping.de
www.just-natural.de
www.ein-besseres-leben.de
www.radix-versand.de
www.so-ja.de
www.ulmafit.de
www.veganbasics.de
www.vegane-zeiten.de
www.vegan-produkte.de
www.veganladen.de
www.alles-vegeratisch.de
www.smilefood.de
www.vegafrost.de
www.veganfit.de
www.querfood.de (glutenfreie Lebensmittel)
www.baerentreff.de
www.oekofrost.de
www.baukhof.de (Backmischungen)

Bibliografische Information der Deutschen Bibliothek
Die Deutsche Bibliothek verzeichnet diese Publikation in der Deutschen Nationalbibliografie; detaillierte bibliografische Daten sind im Internet über http://dnd.ddb.de abrufbar

Medizinverlage Stuttgart GmbH & Co. KG
Oswald-Hesse-Straße 50 · 70469 Stuttgart
Printed in Germany

Programmplanung: Uta Spieldiener

Lektorat und Bildredaktion: Anja Fleischhauer

Umschlaggestaltung und Layout:
CYCLUS · Visuelle Kommunikation

Bildnachweis:
Umschlagsfoto vorn: Foodcentrale
Rezeptfotos im Innenteil: Fridhelm Volk;
alle übrigen: Archiv der Thieme Verlagsgruppe
Ausnahme: Seite 73 von Le Creuset

Gedruckt auf chlorfrei gebleichtem Papier

Satz: CYCLUS · Media Produktion
Druck: Druckhaus Götz, Ludwigsburg

ISBN 3-8304-3316-6 1 2 3 4 5 6

Für Jan

Dieses Buch ist mein Buch für dich. Auch, wenn du nie ein Kind wie andere warst, gekratzt, geweint hast, auf so vieles allergisch reagiert hast und dir die Luft oft wegbleibt. Auch, wenn ich dich nie mit einem Schokoladennikolaus erfreuen konnten, auch wenn ich mich oft geärgert habe, dass wir nicht spontan irgendwo essen gehen können, du bist das Wichtigste in meinem Leben.

Natürlich habe ich mich immer gefragt: „Warum mein Kind?“ Aber durch Betrachtungen der Umwelt und Sichten viel schwererer Schicksale in unserer Umgebung hat sich alles relativiert. Du bist ein fröhlicher, intelligenter Junge mit Herz und Einfühlungsvermögen, auch wenn du auf so vieles verzichten musstest und jeden Grund gehabt hättest, verbittert zu sein. Wie oft war ich über dich verärgert, ja ich gebe es ja zu, wenn ich lieber Urlaub in einem Hotel gemacht hätte oder einfach mal schnell in die Pizzeria um die Ecke gegangen wäre. Wie oft habe ich mich dann dabei erwischt, dass ich mir sagen musste: „Er hat keine Schuld, er hat es sich nicht ausgesucht!“. Wie oft habe ich mich für diese Gedanken geschämt und wie oft habe ich mich selbst bedauert. Dabei hast du mir so vieles gegeben. Deine Erkrankung hat mich die Wertigkeit der Dinge des Lebens anders sehen lassen. Dein Lächeln, wenn ich doch mal wieder etwas Leckeres für dich zaubern konnte, hat mich allen Frust vergessen lassen.

Ich wünsche dir so sehr, dass du auch mit dieser Erkrankung alle deine Lebenswünsche verwirklichen kannst, und sei es nur, dass du auch mal mit auf Klassenfahrt gehen darfst oder alleine in Urlaub.

Ich bin sehr stolz auf dich.

Deine Mutter

Beate

UNSER LESER-SERVICE FÜR SIE

Liebe Leserin, lieber Leser,

wir freuen uns, dass wir Ihnen mit diesem Buch weiterhelfen konnten. Fragen zum Inhalt dieses Buches leiten wir gern an die Autorin oder den Autor weiter.

Auch Anregungen und Fragen zu unserem Programm wie auch Ihre Kritik sind uns herzlich willkommen!

Denn: **Ihre Meinung zählt.**
Deshalb zögern Sie nicht – schreiben Sie uns!

Ihre

Uta Spieldiener

- Adresse: Lektorat TRIAS Verlag
  Postfach 30 05 04
  70445 Stuttgart
- E-Mail Leserservice: heike.bacher@medizinverlage.de
- Fax: 0711-8931-748

Rein pflanzlich genießen!

alpro soja

Alpro soja Produkte sind 100 % milch- und eifrei. Sie bieten Ihnen somit einen gesunden und beschwerdefreien Genuss. Fast alle Alpro soja Produkte* enthalten mindestens genauso viel Kalzium wie herkömmliche Kuhmilch und dazu viele Vitamine. Außerdem steckt in Alpro soja Produkten rein pflanzliches Sojaeiweiß, das ebenso hochwertig ist, wie Kuhmilcheiweiß.

Deshalb bietet Ihnen Alpro soja alles, was für eine milch- und eifreie Ernährung wichtig ist!

Alpro soja Produkte sind selbstverständlich aus ganzen, nicht gentechnisch veränderten Sojabohnen hergestellt. Denn Qualität und Reinheit sind unser oberstes Gebot.

- **100% MILCHFREI**
- **EI- UND GLUTENFREI**
- **OHNE KONSERVIERUNGSSTOFFE**

CUISINE Die Soja-Crème zum Kochen und Verfeinern.

DESSERTS So gesund können leckere Desserts sein!

GEKÜHLTE DRINKS Der wertvolle Kalzium- oder Vanille-Drink frisch aus dem Kühlregal – angereichert mit den Vitaminen B2, B12 und E, sowie Kalzium!

SOJA & FRUIT Das Beste aus Soja und der Frucht – in den zwei leckeren Sorten Tropical und 3 Fruits!

GEKÜHLTE JOGHURT-ALTERNATIVEN Die Joghurtalternativen – wie alle Alpro soja Produkte rein pflanzlich!

DRINKS In 7 leckeren Sorten und auch im 250 ml Tetra Pak für unterwegs.

Probieren Sie die leckeren Produkte von Alpro soja.
Sie sind überall im Supermarkt erhältlich.

Alpro GmbH, Ernährungs- und Diätberatung, Münsterstr. 306, 40470 Düsseldorf
Kundenservice-Telefon: 0180 – 58 58 567 (0,12 €/Min.), E-Mail: kundenservice@alpro.be
Infos und leckere Rezeptideen unter **www.alpro-soja.de**

*außer: Drink o. Zucker- und Salzzusatz, Cuisine, Yofu Bio-Natur